NAVER 로 배우는
오늘의 영어 회화

저자 인세진, 김도희

NAVER 로 배우는

오늘의 영어 회화

초판 1쇄 인쇄 2021년 8월 26일
초판 1쇄 발행 2021년 9월 6일

지은이	인세진, 김도희
발행인	임충배
홍보/마케팅	양경자
편집	김민수
디자인	정은진
펴낸곳	도서출판 삼육오(PUB.365)
제작	(주)피앤엠123

출판신고 2014년 4월 3일
등록번호 제406-2014-000035호

경기도 파주시 산남로 183-25
TEL 031-946-3196 / FAX 031-946-3171
홈페이지 www.pub365.co.kr
ISBN 979-11-90101-58-5 13740

NAVER로 배우는

저자 인세진, 김도희

오늘의 영어 회화

머리말

평생 영어를 가르치면서 보람도 많았고 어려움도 많았습니다. 영어를 외국어 입장에서 배우고 또 가르쳐야 하는 대한민국의 현실 속에서 어떻게 하면 보다 더 생생한 영어를 가르칠 수 있을 것인가에 대한 오랜 고민과 연구 속에서 지금도 살아가고 있습니다.

몇 해 전, 저와 김도희 선생님께 뜻하지 않았던 큰 기회가 찾아왔습니다. 많은 사람이 즐겨 찾고 애용한다는 '네이버 오늘의 영어 회화'를 만드는 일이었습니다. 작업에 착수해 수정과 보완을 거듭하면서, 모든 문장과 표현을 하나하나 정성 들여서 만들었습니다. 그렇게 탄생한 네이버 오늘의 영어 회화는 남다른 애정과 정성이 듬뿍 담긴 그런 중요한 작품이 되었습니다.

처음에는 어려움도 많았습니다. 대한민국의 수많은 인터넷 영어 학습자들의 눈높이를 어떻게 맞출 수 있을 것인가에 대한 고민이 많았고, 막상 서비스를 시작하게 되는 그 순간부터는 수많은 분의 시선을 받는다는 사실에 작은 실수 하나라도 피하기 위하여 몸부림치던 기억들도 떠오릅니다.

영어를 가르쳐왔음에도 이 작업은 최고의 기회이면서 동시에 가장 어렵기도 한 도전이었습니다. 그렇게 2년이라는 세월을 멈추지 않고 다양한 인터넷 학습자들을 상대로 오늘의 영어 회화 서비스를 제공해온 일은 매우 큰 기쁨이었고 또한 축복이었습니다.

그동안 작업한 세월을 돌아보니 저와 김도희 선생님의 애정과 정성이 듬뿍 담긴 네이버 오늘의 회화가 이제는 세상에 한 권의 단행본으로 엮어져 나온다는 사실이 더욱 깊고 큰 감동의 울림을 전해줍니다.

처음부터 저희를 믿고 이 중대한 일을 맡겨 주신 네이버 오늘의 영어 회화 관계자에게 깊은 감사를 드립니다. 또한 지난 10년 이상 저를 믿고 항상 변함없는 파트너로서 네이버 오늘의 영어 회화 단행본의 집필 저자가 되게 해주신 365 출판사 임충배 사장님께도 깊은 감사를 드립니다. 한국외국어대학교에서 영어를 가르칠 때도 저를 믿고 대학 교재를 출판해주신 그 정성과 신뢰를 바탕으로 오늘의 네이버 영어 회화가 탄생하게 되었습니다.

우리 책의 특징은 다음과 같습니다. 많은 인터넷 학습자를 상대로 지난 2년간 제공되었던 네이버 오늘의 영어 회화의 모든 콘텐츠가 그대로 책에 반영되었습니다. 네이버에서 만났던 원어민과 함께 따라 하고 익히는 회화 내용 또한 책 속에 반영되었습니다.

우리의 일상에서 쉽게 접할 수 있을 법한 다양한 주제들을 선별하여 한권의 책으로 엮었습니다. 난이도는 가장 기초적인 수준의 일상회화 내용부터 중급 이상의 내용을 포괄합니다. 따라서 이 책은 생활에서 쉽게 접할 수 있는 주제들과 함께 다양한 난이도의 생활 영어를 배울 수 있는 좋은 교재가 될 것입니다.

누구나 접할 수 있는 쉬운 문장으로 생활에서 많이 쓰이는 주제를 다루고자 했습니다. 너무 딱딱한 문어체는 가급적 피하고, 활용하기 좋은 평이한 구어체로 대화를 만들어 지루하지 않게 학습할 수 있도록 구성했습니다. 영어 학습이 처음이거나 익숙하지 않은 학습자들도 쉽게 접근할 수 있도록 아주 쉬운 표현들로 이루어져 실제 활용도가 높은 영어 회화 교재를 찾는 분들께 적합한 도서입니다.

저자 인세진

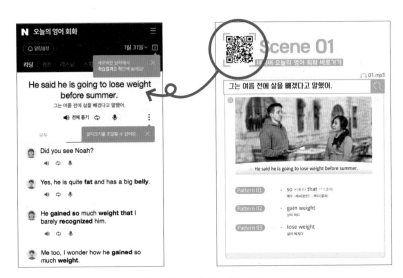

01 오늘 학습할 Scene의 핵심 문장과 패턴이 소개됩니다. QR코드를 찍으면 원어민 음성이 제공되는 '네이버 오늘의 영어 회화'를 만날 수 있습니다.

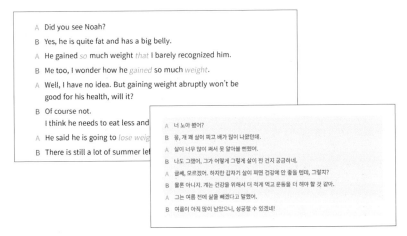

02 원어민 음성 대화를 잘 듣고 오늘의 대화문을 학습합니다. 핵심 패턴은 색상으로 강조되어 있으니 한번 더 Check 하는 것 잊지 마세요!

* www.pub365.co.kr > 도서 자료실에서 원어민 음성 mp3 자료를 다운로드할 수 있습니다.

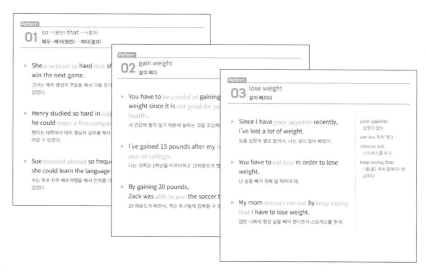

03 대화 내용 속 주요 표현을 활용한 세 가지 응용 패턴을 추가로 학습합니다. 놓치지 말아야 할 간단한 표현과 단어 풀이도 함께 배치했습니다.

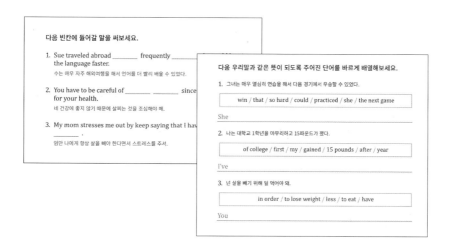

04 문제풀이를 통해 핵심 표현과 패턴을 복습하고 오늘 배운 내용을 온전히 자신의 것으로 만듭니다. 빈칸 채우기 / 단어 배열 문제가 준비되어 있습니다.

목차

Scene 01

네이버 오늘의 영어 회화 바로가기

 01.mp3

그는 여름 전에 살을 빼겠다고 말했어.

A: He said he is going to lose weight before summer.

Pattern 01 ········· • so ~(원인) that ···(결과)
매우 ~해서(원인) ···하다(결과)

Pattern 02 ········· • gain weight
살이 찌다

Pattern 03 ········· • lose weight
살이 빠지다

두 사람이 한 친구에 관해 이야기하고 있습니다. 그들은 체중이 많이 불어난 친구의 건강을 염려합니다. 두 사람 모두 친구가 살을 빼기 위해 더욱 적게 먹고, 더 많이 운동할 필요가 있다고 생각합니다.

A Did you see Noah?

B Yes, he is quite fat and has a big belly.

A He gained *so* much weight *that* I barely recognized him.

B Me too, I wonder how he *gained* so much *weight*.

A Well, I have no idea. But gaining weight abruptly won't be good for his health, will it?

B Of course not.
   I think he needs to eat less and exercise more for his health.

A He said he is going to *lose weight* before summer.

B There is still a lot of summer left, so he can succeed!

A 너 노아 봤어?

B 응, 걔 꽤 살이 찌고 배가 많이 나왔던데.

A 살이 너무 많이 쪄서 못 알아볼 뻔했어.

B 나도 그랬어, 그가 어떻게 그렇게 살이 찐 건지 궁금하네.

A 글쎄, 모르겠어. 하지만 갑자기 살이 찌면 건강에 안 좋을 텐데, 그렇지?

B 물론 아니지. 걔는 건강을 위해서 더 적게 먹고 운동을 더 해야 할 것 같아.

A 그는 여름 전에 살을 빼겠다고 말했어.

B 여름이 아직 많이 남았으니, 성공할 수 있겠네!

Pattern

01
so ~(원인) that ···(결과)
매우 ~해서(원인) ···하다(결과)

▶ She *practiced so* hard *that* she could win the next game.

그녀는 매우 열심히 연습을 해서 다음 경기에서 우승할 수 있었다.

▶ Henry studied so hard in *college* that he could *enter a fine company*.

헨리는 대학에서 매우 열심히 공부를 해서 좋은 회사에 들어갈 수 있었다.

▶ Sue *traveled abroad* so frequently that she could learn the language faster.

수는 매우 자주 해외여행을 해서 언어를 더 빨리 배울 수 있었다.

practice 연습하다

so ~(원인) that ···(결과)
　매우 ~해서(원인) ···하
　다(결과)

college 대학교

enter a fine company
　좋은 회사에 들어가다

travel abroad
　해외로 여행을 가다

Pattern

02 gain weight
살이 찌다

▶ You have to *be careful of* gaining weight since it is *not good for your health*.

네 건강에 좋지 않기 때문에 살찌는 것을 조심해야 해.

be careful of~
~를(을) 조심하다

not good for health
건강에 좋지 않다

▶ I've gained 15 pounds after my *first year of college*.

나는 대학교 1학년을 마무리하고 15파운드가 쪘다.

first year of college
대학교 1학년

able to join~
~에 들어갈 수/ 합류할
수 있다

▶ By gaining 20 pounds,
Zack was *able to join* the soccer team.

20 파운드가 찌면서, 잭은 축구팀에 합류할 수 있게 됐어.

Pattern

03 lose weight
살이 빠지다

▶ Since I have *poor appetite* recently, I've lost a lot of weight.

요즘 입맛이 별로 없어서, 나는 살이 많이 빠졌어.

▶ You have to *eat less* in order to lose weight.

넌 살을 빼기 위해 덜 먹어야 돼.

▶ My mom *stresses me out* by *keep saying that* I have to lose weight.

엄만 나에게 항상 살을 빼야 한다면서 스트레스를 주셔.

poor appetite
입맛이 없는

eat less 적게 먹다

stresses out
스트레스를 주다

keep saying that~
~를(을) 계속 말하다/ 언급하다

다음 빈칸에 들어갈 말을 써보세요.

1. Sue traveled abroad _____ frequently _____ she could learn the language faster.
   수는 매우 자주 해외여행을 해서 언어를 더 빨리 배울 수 있었다.

2. You have to be careful of _____ _____ since it is not good for your health.
   네 건강에 좋지 않기 때문에 살찌는 것을 조심해야 해.

3. My mom stresses me out by keep saying that I have to _____ _____ .
   엄만 나에게 항상 살을 빼야 한다면서 스트레스를 주셔.

다음 우리말과 같은 뜻이 되도록 주어진 단어를 바르게 배열해보세요.

1. 그녀는 매우 열심히 연습을 해서 다음 경기에서 우승할 수 있었다.

win / that / so hard / could / practiced / she / the next game

   She _____

2. 나는 대학교 1학년을 마무리하고 15파운드가 쪘다.

of college / first / my / gained / 15 pounds / after / year

   I've _____

3. 넌 살을 빼기 위해 덜 먹어야 돼.

in order / to lose weight / less / to eat / have

   You _____

Scene 02

네이버 오늘의 영어 회화 바로가기

🎧 02.mp3

너무 자책하지는 마.

B: **Don't be so hard on yourself.**

Pattern 01 ·········• Have you heard (that) ~ ?
~(라는 소식) 들었어?

Pattern 02 ·········• be hard on oneself
자책하다

Pattern 03 ·········• think about ~
~에 대해 생각하다

스케이드보드를 타던 지미가 다리를 다쳐 그만 병원 신세를 지게 되었습니다. 두 친구는 지미에게 스케이트보드를 선물한 것에 죄책감을 느끼고 있습니다. 그들은 병원에 있는 지미를 보러 가기로 합니다.

A *Have you heard* that Jimmy hurt his leg while riding a skateboard?

B Yes, I'm glad he didn't get hurt badly.

A I wish I hadn't bought him a skateboard for his birthday.
If it wasn't for that skateboard, he wouldn't be hurt.

B Don't *be* so *hard on yourself*.
We should *think about* safety more when we buy presents for the children from now on.

A Yes. Let's go see Jimmy too.

B Sure. He'll be happy.

A 지미가 스케이트보드를 타다가 다리를 다쳤다는 소식 들었어?

B 응, 크게 다치지 않아서 다행이야.

A 지미의 생일선물로 스케이트보드를 선물하지 말 걸 그랬어. 그 스케이트 보드가 아니었다면 지미가 다칠 일도 없었을 거 아냐.

B 너무 자책하지는 마. 앞으로 아이들 선물을 살 때는 안전에 대해 더 생각해야겠다.

A 그래. 우리도 지미 보러 가자.

B 좋아. 걔가 좋아할 거야.

Pattern

01 Have you heard (that) ~ ?
~(라는 소식) 들었어?

▶ **Have you heard that Marge** *is going to marry* **on May?**
마지가 이번 5월에 결혼한다는 거 들었어?

▶ **Have you heard that our** *trip* **on Monday was** *canceled*?
너 우리 월요일에 여행 가는 거 취소됐다는 얘기 들었어?

▶ **Have you heard Aunt Marie is** *pregnant*?
너 마리 고모 임신했다는 소식 들었어?

be going to ~할 것이다

marry 결혼하다

trip 여행

cancel 취소하다

pregnant 임신한

Pattern

02 be hard on oneself
자책하다

▶ Don't be too hard on yourself.
You will *recover soon*.

너무 자책하지 마. 넌 곧 회복할 거야.

▶ *You deserve to be loved*,
so please don't be hard on yourself.

넌 사랑 받아 마땅하니까 제발 자책하지 마.

▶ It's *unhealthy* to be hard on yourself
and be stressed out.

자책하면서 스트레스 받는 건 건강에 좋지 않아.

recover 회복하다

soon 곧

you deserve to be loved
너는 사랑 받을 자격이
있다

unhealthy
건강에 하지 못한

Pattern

03

think about ~
~에 대해 생각하다

▶ **Don't you ever think about others'** *feeling* **when speaking?**

넌 말할 때 다른 사람 기분은 전혀 생각하지 않니?

feeling 느낌

can't stop 멈출 수 없다

come to think about it
　생각을 해보면

at that time
　그 때, 그 당시

▶ **Paul said he** *can't stop* **thinking about her.**

폴은 그녀에 대해 생각하는 걸 멈출 수 없다고 말했다.

▶ *Come to think about it***, it wasn't that difficult** *at that time***.**

생각해보면, 그땐 그렇게 힘들지 않았어.

다음 빈칸에 들어갈 말을 써보세요.

1. _____ _____ _____ _____ our trip on Monday was
   canceled?
   너 우리 월요일에 여행 가는 거 취소됐다는 얘기 들었어?

2. You deserve to be loved, so please don't _____ _____
   _____ _____ .
   넌 사랑 받아 마땅하니까 제발 자책하지 마.

3. Come to _____ _____ it, it wasn't that difficult at that time.
   생각해보면, 그땐 그렇게 힘들지 않았어.

다음 우리말과 같은 뜻이 되도록 주어진 단어를 바르게 배열해보세요.

1. 너 마리 고모 임신했다는 소식 들었어?

| pregnant / Aunt / Marie / is / heard / you |

Have

2. 너무 자책하지 마. 넌 곧 회복할 거야.

| soon / on yourself / too hard / recover / you will / be |

Don't

3. 폴은 그녀에 대해 생각하는 걸 멈출 수 없다고 말했다.

| can't / said / thinking / stop / her / about / he |

Paul

Scene 03

네이버 오늘의 영어 회화 바로가기

 03.mp3

내가 직접 찍은 사진으로 앨범을 만들고 있어.

B: I'm trying to make an album with pictures I've taken.

Pattern 01	try to ~
	~하려고 노력하다

Pattern 02	the most ~ among …
	… 중에서 제일 ~한

Pattern 03	of course
	당연히, 물론

알버트는 생일을 맞은 여동생에게 선물할 사진첩을 만들고 있습니다. 친구는 알버트의 7살짜리 여동생의 귀여움에 감탄합니다. 알버트는 사진첩뿐만 아니라 장난감도 선물할 것이라고 말합니다.

A   Albert, what are you doing?

B   I'm making my sister's birthday present.

A   Oh! What are you making?

B   I'm *trying to* make an album with pictures I've taken.
    Do you want to see?

A   Wow! Your sister is pretty.
    She's *the prettiest among* all the 7-years-old girls I know.

B   Yeah, even though she's my sister, she's really cute.

A   But wouldn't she like toys more than an album?

B   *Of course*, I will buy toys too.

A   앨버트, 너 뭐 하고 있어?

B   동생 생일 선물을 만들고 있어.

A   오! 뭘 만들고 있는 거야?

B   내가 직접 찍은 사진으로 앨범을 만들고 있어. 봐 볼래?

A   우와! 네 동생 예쁘다. 내가 알고 있는 7살 중에 가장 예뻐.

B   응, 내 동생이지만 정말 귀여워.

A   그런데 사진첩보다 장난감을 더 좋아하지 않을까?

B   물론 장난감도 살 거야.

24

01 | try to ~
~하려고 노력하다

▶ **Let's try to go to church** *on time*, ok?

우리 교회에 제시간에 가도록 노력하자, 알겠지?

▶ *Don't you think* **they should try to** *wake up earlier*?

그들은 더 일찍 일어나려고 노력해야 한다고 생각하지 않아?

▶ **She should try to** *study harder* **for better grades.**

그녀는 더 좋은 성적을 얻기 위해 더 열심히 공부하도록 노력해야 해.

on time 제 시간에

don't you think…?
　…라고 생각하지 않아?

wake up earlier
　더 일찍 일어나다

study harder
　더 열심히 공부하다

Pattern

02 the most ~ among …
… 중에서 제일 ~한

▶ She is the most talented among all the *applicants*.

그녀는 모든 지원자 중에서 제일 재능이 뛰어났다.

▶ They are the most *outstanding* among our *employees*.

그들은 우리 직원들 중에서 가장 우수하다.

▶ He is the most successful among all our *high school graduates*.

그는 우리 고등학교 졸업생 중에서 제일 잘 나간다.

applicants 지원자

outstanding
  뛰어난, 우수한

employee 직원

high school graduate
  고등학교 졸업생

Pattern

03 of course
당연히, 물론

▶ **Of course we could try some different** *methodologies*, **right?**
당연히 우리는 다양한 방법론을 시도할 수 있어, 안 그래?

▶ **Of course the time** *was changed* **for the rain.**
물론 비가 오는 시간도 바뀌었다.

▶ **Of course the event was** *delayed until* **the actors arrived.**
당연히 배우들이 도착할 때까지 행사가 늦어졌다.

methodology 방법론

~was changed
 ~이(가) 바뀌었다

delay 늦어지다

until ~까지

다음 빈칸에 들어갈 말을 써보세요.

1. Don't you think they should _____ _____ wake up earlier?

   그들은 더 일찍 일어나려고 노력해야 한다고 생각하지 않아?

2. He is _____ _____ successful _____ all our high school graduates.

   그는 우리 고등학교 졸업생 중에서 제일 잘 나간다.

3. _____ _____ we could try some different methodologies, right?

   당연히 우리는 다양한 방법론을 시도할 수 있어, 안 그래?

다음 우리말과 같은 뜻이 되도록 주어진 단어를 바르게 배열해보세요.

1. 우리 교회에 제시간에 가도록 노력하자, 알겠지?

try / ok / to church / on time / to go

   Let's _____

2. 그녀는 모든 지원자 중에서 제일 재능이 뛰어났다.

all / the applicants / talented / among / is / the most

   She _____

3. 물론 비가 오는 시간도 바뀌었다.

the rain / changed / the time / for / was / course

   Of _____

Scene 04

네이버 오늘의 영어 회화 바로가기

🎧 04.mp3

평생 함께할 동반자가 있다는 건 좋은 것 같아.

A: I think having a life companion is good.

Pattern 01 .... • you know
있지, 있잖아 (대화 시, 화제를 환기시키는 말)

Pattern 02 .... • I think (that) ~
(내 생각엔) ~ 같다

Pattern 03 .... • have to ~
~ 해야 한다

두 사람이 결혼의 필요성에 관해 대화하고 있습니다. 한 사람은 결혼하지 않고 독신으로 지내도 괜찮다고 생각합니다. 이에 동의한 다른 사람은 결혼에 대해 더 생각해봐야겠다고 말합니다.

A *You know*, I think marriage is necessary.

B Why do you say so?

A *I think* having a life companion is good.

B I don't know, but living alone isn't bad as well.
   I can enjoy my life freely.

A I guess you're also right.
   I'll *have to* think more about marriage.

B Enjoy your life for now!

A 있지, 내가 생각할 때, 결혼은 필요한 것 같아.

B 왜 그렇게 말해?

A 평생 함께할 동반자가 있다는 건 좋은 것 같아.

B 모르겠어, 그렇지만 혼자 사는 것도 나쁘진 않아. 내 삶을 자유롭게 즐길 수 있지.

A 네 말도 맞는 거 같네. 결혼에 대해 좀 더 생각해봐야겠다.

B 일단은 네 인생을 즐겨!

Pattern

01
you know
있지, 있잖아 (대화 시, 화제를 환기시키는 말)

▶ You know, you could have married before 45.

있지, 너는 45살 이전에 결혼했을 수도 있었어.

trade 무역

bring down 무너뜨리다

enter an college
대학에 가다

▶ You know, the *trade* may *bring down* the economy.

있잖아, 무역이 경제를 무너뜨릴지도 몰라

▶ You know, without passing grades, you'll fail to *enter a* good *college*.

있지, 합격 점수가 없으면 좋은 대학에 들어가지 못할 거야.

Pattern

02
I think (that) ~
(내 생각엔) ~ 같다

▶ *I think* I'll try swimming *instead of* basketball *this season*.

나는 이번 시즌에 농구 대신 수영을 해 볼까 해.

▶ *I think* I'm *getting too old* to play with the children.

나는 아이들과 놀기엔 너무 늙어 가고 있는 것 같아.

▶ *I think repeating* is more *significant* than teaching new things to young children.

어린아이들에겐 새로운 것을 가르치기보다 반복이 더 중요한 것 같아.

I think (that) ~
  (내 생각엔) ~ 같다
instead of~ ~대신에
this season 이번 시즌
getting too old
  너무 늙었다
repeating 반복
significant 중요한

Pattern

03
have to ~
~ 해야 한다

▶ I have to *pay* my *rent* myself if my *financial support* doesn't come by Wednesday.

수요일까지 지원금이 오지 않으면 내가 직접 집세를 내야 한다.

pay a rent 집세를 내다

financial support
  지원금

senior year
  대학교 4학년

before worrying about
  ~대하여 걱정하기 전에

▶ They have to finish their *senior year before worrying about* a good college.

그들은 좋은 대학에 대해 걱정하기 전에 먼저 졸업 학년을 마쳐야 한다.

▶ We have to finish lunch before the meeting begins.

우리는 미팅이 시작하기 전에 먼저 점심을 다 먹어야 한다.

다음 빈칸에 들어갈 말을 써보세요.

1. _____ _____ , without passing grades, you'll fail to enter a good college.

   있지, 합격 점수가 없으면 좋은 대학에 들어가지 못할 거야.

2. _____ _____ I'll try swimming instead of basketball this season.

   나는 이번 시즌에 농구 대신 수영을 해 볼까 해.

3. They _____ _____ finish their senior year before worrying about a good college.

   그들은 좋은 대학에 대해 걱정하기 전에 먼저 졸업 학년을 마쳐야 한다.

다음 우리말과 같은 뜻이 되도록 주어진 단어를 바르게 배열해보세요.

1. 있잖아, 무역이 경제를 무너뜨릴지도 몰라.

   | the economy / know / may / bring / down / the trade |

   You _____

2. 나는 아이들과 놀기엔 너무 늙어 가고 있는 것 같아.

   | getting / too old / to play / think / I'm / with / the children |

   I _____

3. 우리는 미팅이 시작하기 전에 먼저 점심을 다 먹어야 한다.

   | to finish / before / have / lunch / begins / the meeting |

   We _____

Scene 05

네이버 오늘의 영어 회화 바로가기

🎧 05.mp3

나 너한테 할 말을 까먹었다.

A: I forgot to tell you something.

Pattern 01 ·········· • forget to ~
~하는 걸 잊다

Pattern 02 ·········· • haven't (p.p.) for a while
한동안 ~하지 못했다

Pattern 03 ·········· • away from ~
~에서 떨어져서

한 친구가 대신 받은 전화의 내용을 다른 친구에게 말합니다. 친구의 할머니는 아칸소주에서 멀리 떨어진 곳에 살고 있습니다. 이번에는 방문을 기다릴 것이 아니라 반대로 할머니를 방문하는 게 어떻겠냐고 물어봅니다.

A I *forgot to* tell you something.

B What's that?

A Oh! I remember.
   Your grandmother called when I was at your place yesterday.

B Really? What did she say?

A She said she's sick this week, so she can't come to see you.

B That's too bad. I *haven't seen* her *for a while* lately.

A Does she live far away from you?

B She lives 1000 miles *away from* me, in Arkansas.

A Wow! That's really far.
   Then this time, why don't you visit her?

A 나 너한테 할 말을 까먹었다.

B 그게 뭔데?

A 오! 기억났어. 어제 너희 집에 있는데 너희 할머니께서 전화하셨어.

B 진짜? 뭐라고 하셨어?

A 할머니가 이번 주에 몸이 아프셔서 너 보러 못 오신다고 하셨어.

B 너무 아쉽다. 최근에 할머니 한동안 뵙지 못했는데.

A 할머니께서 멀리 사셔?

B 1000 마일 떨어져 있는 아칸소주에 사셔.

A 와! 정말 멀다! 그렇다면 이번엔 네가 찾아뵙는 건 어때?

Pattern

01
forget to ~
~하는 걸 잊다

▶ I forgot to *call* my friends *after I arrived* in Europe.

나는 유럽에 도착한 다음에 친구들에게 연락하는 것을 잊어버렸다.

▶ They forgot to *make a reservation* on the flight to Japan.

그들은 일본 가는 비행기를 예약하는 것을 잊어버렸다.

▶ She forgot to bring her *referral letters* to her job interview.

그녀는 회사 인터뷰에 추천서 가져오는 것을 잊어버렸다.

call 전화를 걸다

after someone arrived
~이(가) 도착한 뒤에

make a reservation
예약을 하다

referral letter 추천서

Pattern

02 | haven't (p.p.) for a while
한동안 ~하지 못했다

▶ I haven't seen my *niece* since her
seventh birthday.

조카딸의 일곱 살 생일 이후로 그 애를 보지 못했다.

niece 조카

haven't contacted~
  ~에게 연락하지 않았다

after 뒤에

vacation 방학

▶ Some of my friends *haven't contacted*
me *after* they got married.

내 친구들 중 몇몇은 결혼한 후에 내게 연락하지 않고 있다.

▶ I haven't visited Sears for a while as
they were on *vacation*.

시어즈가 휴가를 가서 나는 한동안 거기를 방문하지 않았다.

Pattern

03 | away from ~
~에서 떨어져서

▶ My friend *moved* 3,000 miles away from us after he got married.

내 친구는 결혼한 뒤로 우리와 3,000마일 떨어진 곳으로 이사했다.

move 이사 가다

for the new job
  새로운 직장을 위해

has gone away
  떠나 갔다/ 멀어졌다

mainstream 주류

▶ After college, I moved 60 miles away from the school *for the new job*.

대학 졸업 후 나는 새로운 직장을 위해 학교에서 60마일 떨어진 곳으로 이사했다.

▶ The other party *has gone away* from the *mainstream* for the last thirty years.

상대 정당은 지난 30년 동안 주류에서 멀어졌다.

다음 빈칸에 들어갈 말을 써보세요.

1. She _____ _____ bring her referral letters to her job interview.

   그녀는 회사 인터뷰에 추천서 가져오는 것을 잊어버렸다.

2. I _____ _____ Sears _____ _____ _____ as they were on vacation.

   시어즈가 휴가를 가서 나는 한동안 거기를 방문하지 않았다.

3. The other party has gone _____ _____ the mainstream for the last thirty years.

   상대 정당은 지난 30년 동안 주류에서 멀어졌다.

다음 우리말과 같은 뜻이 되도록 주어진 단어를 바르게 배열해보세요.

1. 나는 유럽에 도착한 다음에 친구들에게 연락하는 것을 잊어버렸다.

   | to call / forgot / my friends / in Europe / I arrived / after |

   I _____

2. 조카딸의 일곱 살 생일 이후로 그 애를 보지 못했다.

   | since / seventh birthday / seen / my niece / haven't / her |

   I _____

3. 내 친구는 결혼한 뒤로 우리와 3,000마일 떨어진 곳으로 이사했다.

   | friend / he got married / moved / 3,000 miles / us / away from / after |

   My _____

Scene 06

네이버 오늘의 영어 회화 바로가기

06.mp3

달라스에 계신 고모 집에 갈 거야.

B: I'm going to visit my aunt in Dallas.

Pattern 01 ········· • **be going to ~**
~할 것이다

Pattern 02 ········· • **let ~ know**
~에게 알려주다

Pattern 03 ········· • **get back to ~**
~에게 나중에 다시 연락하다

한 사람이 친구에게 주말에 무엇을 할 것인지 물어봅니다. 친구는 댈러스에 있는 고모를 방문하겠냐고 말합니다. 함께 갈 수 있는지 친구에게 물어보니, 가족이 많기 때문에 먼저 고모에게 허락을 구해야 한다고 말합니다. 그리고 고모의 답을 듣는 대로 알려 주겠다고 합니다.

A What will you do next weekend?

B I*'m going to* visit my aunt in Dallas.

A Really? That place is good for travelling!

B Yeah, that's why I'm so excited!

A Don't you need a company? I can go with you!

B I'd really want to go with you, but I should ask my aunt first.

A Sure. I understand.

B Since she has a lot of family members, it could be inconvenient if I don't let her know beforehand.

A Call your aunt and *get back to* me.

B I'll *let* you *know* right after I call her.

A 다음 주말에 뭐해?

B 달라스에 계신 고모 집에 갈 거야.

A 정말? 거기 여행하기 정말 좋은 곳인데!

B 맞아, 그래서 나도 진짜 기대돼!

A 같이 갈 친구가 필요하진 않니? 내가 같이 갈 수 있는데!

B 나도 정말 너랑 같이 가고 싶지만, 고모에게 먼저 물어봐야 해.

A 물론이지. 알겠어.

B 고모 가족이 많아서 미리 알리지 않으면 불편할 수도 있거든.

A 너희 고모에게 연락하고 나서 나에게 알려줘.

B 내가 고모와 통화하자마자 너에게 알려줄게.

Pattern

01 be going to ~
~할 것이다

▶ I'm going to call my brother *before* I *visit* his house.

나는 내 형 집을 방문하기 전에 먼저 형에게 전화를 할 것이다.

▶ They're going to *make plans* before they get married.

그들은 결혼을 하기 전에 계획을 세울 것이다.

▶ He's going to *find a good job before settling down*.

그는 정착하기 전에 좋은 직장을 먼저 찾을 것이다.

before visiting
방문하기 전에

make plans
계획을 세우다

find a good job
좋은 직장을 찾다

before settling down
정착하기 전에

Pattern

02 let ~ know
~에게 알려주다

▶ Please let me know at what time the
first train to Busan *departs*.
부산 가는 제일 빠른 열차가 몇 시에 출발하는지 알려주세요.

first train 첫 열차

depart 출발하다

next meeting 다음 회의

postponed for
  two weeks
  2주가 연기되었다

▶ Let them know the *next meeting* is
postponed for two weeks.
다음 회의가 2주 연기되었다는 것을 그들에게 알려 줘.

▶ They should let other people know
about the change in plans.
그들은 계획의 변경사항에 대해 다른 사람들에게 알려야
한다.

Pattern

03 get back to ~
~에게 나중에 다시 연락하다

▶ I will get back to you *after a check*.
확인하고 다시 연락 드리겠습니다.

▶ I will get back to you when the *event location is decided*.
행사 장소가 결정되면 다시 연락할게.

▶ I should get back to her on the *summer vacation plans*.
나는 여름방학 계획에 관하여 다시 그녀에게 연락해야 한다.

after a check 확인 후에

event location
행사 장소

be decided
~이 결정되다

summer vacation plan
여름 방학 계획

다음 빈칸에 들어갈 말을 써보세요.

1. They _____ _____ _____ make plans before they get married.
   그들은 결혼을 하기 전에 계획을 세울 것이다.

2. Please _____ me _____ at what time the first train to Busan departs.
   부산 가는 제일 빠른 열차가 몇 시에 출발하는지 알려주세요.

3. I will _____ _____ _____ you when the event location is decided.
   행사 장소가 결정되면 다시 연락할게.

다음 우리말과 같은 뜻이 되도록 주어진 단어를 바르게 배열해보세요.

1. 그는 정착하기 전에 좋은 직장을 먼저 찾을 것이다.

going / down / settling / to find / a good job / before

   He's _____

2. 다음 회의가 2주 연기되었다는 것을 그들에게 알려 줘.

for two weeks / know / postponed / is / the next meeting / them

   Let _____

3. 확인하고 다시 연락 드리겠습니다.

to you / will / a check / after / back / get

   I _____

Scene 07

네이버 오늘의 영어 회화 바로가기

🎧 07.mp3

우리 가족 초대하는 것 잊지 마.

A: Don't forget to invite our family.

| Pattern 01 | • | throw a party |
| | | 파티를 열다 |

| Pattern 02 | • | have already (p.p.) |
| | | 이미 ~했다 |

| Pattern 03 | • | Don't forget to ~ |
| | | 잊지 말고(꼭) ~해 |

한 남자가 딸의 10번째 생일 기념 파티에 사람들을 초대합니다. 친구는 그의 딸이 어떤 선물을 받고 싶어 하는지 물어봅니다. 남자는 파티에 오는 것만으로도 충분하니 선물을 챙기지 않아도 된다고 말합니다.

A It's your daughter's 10th birthday soon, isn't it?

B Yes. Thanks for remembering.

A Why don't you *throw a* birthday *party* for your daughter?

B Of course. My wife *has already taken* care of it. I think the party is going to be quite big.

A Wow! *Don't forget to* invite our family.

B Sure. My wife and daughter would love to see your family at the party.

A Let me know what present your daughter would like to have beforehand.

B Please, no gifts. Coming to the party is good enough.

A 곧 네 딸의 10번째 생일이지, 그렇지?

B 맞아. 기억해 줘서 고마워.

A 너의 딸을 위한 생일파티를 여는 것 어때?

B 물론이지. 내 아내가 이미 준비했어. 제법 큰 생일파티가 될 것 같아.

A 우와! 우리 가족 초대하는 것 잊지 마.

B 당연하지. 내 아내와 딸이 파티에서 너희 가족을 보고 싶어 할 거야.

A 너의 딸이 어떤 선물을 받고 싶어 하는지 미리 알려줘.

B 선물은 괜찮아. 파티에 와주는 것만으로 충분해.

Pattern

01 throw a party
파티를 열다

▶ **Jack is going to throw a dance party** *this Friday night*.

잭이 이번 금요일 저녁에 댄스파티를 열 거야.

▶ **I** *haven't decided* **when to throw a party.**

언제 파티를 열지 아직 결정하지 않았어.

▶ **You can throw a** *birthday party* **at that** *fancy restaurant*.

너는 네 생일파티를 그 멋진 레스토랑에서 열 수도 있어.

this Friday night
이번 금요일 저녁

haven't decided
결정되지 않았다

birthday party
생일 파티

fancy restaurant
멋진 레스토랑

Pattern

02 have already (p.p.)
이미 ~했다

▶ She has already *made big plans* for her wedding day.

그녀는 이미 그녀의 결혼식을 위해 큰 계획을 만들어 놓았다.

▶ He has already made a *whole life plan* for his new family.

그는 이미 자신의 새로운 가족을 위해 전 생애 계획을 짰다.

▶ All we have to do is to *book a flight* as the trip has already been scheduled.

여행 일정은 이미 정했으니 이제 비행기 예약만 하면 된다.

made big plans
큰 계획을 만들었다

whole life plan
전 생애 계획

book a flight
비행기를 예약하다

has already been scheduled
~이 이미 예약/정해져 있다

Pattern

03 Don't forget to ~
잊지 말고(꼭) ~해

▶ **Don't forget to tell Judy to** *take* **her** *pills* **after lunch.**

주디에게 점심 먹고 약 먹으라고 알려주는 거 잊지 마.

▶ **Don't forget to** *brush your teeth before going to sleep*.

자러 가기 전에 잊지 말고 양치질해.

▶ **Let's don't forget to buy the blankets for our** *new family*.

새 식구를 위한 담요들 사는 거 잊지 말자.

take pills 약을 먹다

brush your teeth
양치질을 해라

before going to sleep
자러 가기 전에

new family
새로운 식구/가족

다음 빈칸에 들어갈 말을 써보세요.

1. You can _____ _____ birthday _____ at that fancy restaurant.
   너는 네 생일파티를 그 멋진 레스토랑에서 열 수도 있어.

2. All we have to do is to book a flight as the trip _____ _____ _____ scheduled.
   여행 일정은 이미 정했으니 이제 비행기 예약만 하면 된다.

3. Let's _____ _____ _____ buy the blankets for our new family.
   새 식구를 위한 담요들 사는 거 잊지 말자.

다음 우리말과 같은 뜻이 되도록 주어진 단어를 바르게 배열해보세요.

1. 언제 파티를 열지 아직 결정하지 않았어.

a party / to throw / decided / when / haven't

   I _____

2. 그녀는 이미 그녀의 결혼식을 위해 큰 계획을 만들어 놓았다.

for her / has / made / big plans / already / wedding day

   She _____

3. 주디에게 점심 먹고 약 먹으라고 알려주는 거 잊지 마.

pills / to tell / after lunch / forget / her / Judy / to take

   Don't _____

Scene 08
네이버 오늘의 영어 회화 바로가기

🎧 08.mp3

침대 시트와 베갯잇을 씌우는 걸 도와줘.

B: Help me put on bed sheets and pillowcases.

Pattern 01 .... • Don't worry.
걱정하지 마

Pattern 02 .... • be good at ~
~을 잘하다

Pattern 03 .... • put on ~
~을 씌우다, 신다, 입다

두 사람이 수건과 침구류 빨래에 대해 이야기하고 있습니다. 한 사람이 빨래를 다 했는지 물어봅니다. 다른 사람은 이미 모든 빨래를 마쳤으며 건조까지 되었다고 대답합니다.

A Did you do the laundry?

B Yes, I finished it.

A Did you wash the towels?

B Yes, I did. I washed the towels, pillowslips and bed sheets.

A Oh, thanks a lot. But it'll be soggy if you hang the laundry out now because of the rain.

B *Don't worry.* I already put everything in the dryer.

A Wow. You*'re* really *good at* housework.
Then I'll fold the laundry.

B I already folded the towels and bed sheets.

A You are a hard-worker. Is there anything I can help you with?

B Help me *put on* bed sheets and pillowcases.

A 빨래는 했니?

B 응, 다 끝냈어.

A 수건도 빨았어?

B 응, 빨았어. 수건이랑 베갯잇이랑 침대 시트까지 다 빨았어.

A 오, 고마워. 그런데 비가 와서 지금 빨래를 널면 젖을 텐데.

B 걱정 마, 이미 빨래를 다 건조기에 넣었어.

A 우와. 너 정말 살림을 잘하는구나. 그럼 내가 빨래를 갤게.

B 수건이랑 침대 시트는 이미 내가 다 갰어.

A 정말 부지런하구나. 내가 도와줄 일은 없어?

B 침대 시트와 베갯잇을 씌우는 걸 도와줘.

Pattern

01 Don't worry.
걱정하지 마

▶ Don't worry. I already paid the *electric bill*.

걱정하지 마. 내가 이미 전기 요금을 냈어.

▶ Don't worry. I still have enough food to eat when I *return* home.

걱정하지 마. 집에 돌아가면 먹을 음식이 아직 충분히 있어.

▶ *There's some time left* before we *take the first test* in this class. Don't worry.

이 수업에서 치르는 첫 시험까지는 시간이 좀 있어. 걱정하지 마.

electric bill 전기료

return 돌아오다

There's some time left 시간이 남았다. 시간이 있다

take the first test 첫 시험을 치르다

Pattern

02 be good at ~
~을 잘하다

▶ I am good at playing guitar, so my friends often ask me to play it.

내가 기타를 잘 쳐서, 내 친구들이 종종 기타를 쳐달라고 부탁한다.

▶ Keep trying, and someday you will be good at it.

계속 노력하면, 언젠가 잘하게 될 것이다.

▶ John was always good at math and eventually became a mathematician.

존은 언제나 수학을 잘하더니 결국 수학자가 되었다.

MEMO

Pattern

03
put on ~
~을 씌우다, 신다, 입다

▶ She should put on something less
bright, *don't you think?*

그녀는 좀 덜 밝은 옷을 입어야 할 것 같아, 안 그래?

▶ Help me put on this dress by *zipping
the zipper*.

지퍼 올려서 내가 이 옷 입는 것 좀 도와줘.

▶ Let's *put covers* on the *furniture* until
the family comes back.

가족이 돌아올 때까지 가구에 덮개를 씌워두자.

don't you think?
  안 그래?

zip the zipper
  지퍼를 잠그다

put covers
  덮개를 씌우다

furniture 가구

다음 빈칸에 들어갈 말을 써보세요.

1. _____ _____ . I still have enough food to eat when I return home.

   걱정하지 마. 집에 돌아가면 먹을 음식이 아직 충분히 있어.

2. I _____ _____ _____ playing guitar, so my friends often ask me to play it.

   내가 기타를 잘 쳐서, 내 친구들이 종종 기타를 쳐달라고 부탁한다.

3. Let's _____ covers _____ the furniture until the family comes back.

   가족이 돌아올 때까지 가구에 덮개를 씌워두자.

다음 우리말과 같은 뜻이 되도록 주어진 단어를 바르게 배열해보세요.

1. 걱정하지 마. 내가 이미 전기 요금을 냈어.

paid / the electric / bill / worry / I / already

   Don't _____

2. 계속 노력하면, 언젠가 잘하게 될 것이다.

someday / be good at / it / and / trying / you will

   Keep _____

3. 지퍼 올려서 내가 이 옷 입는 것 좀 도와줘.

dress / this / put on / me / by zipping / the zipper

   Help _____

Scene 09

네이버 오늘의 영어 회화 바로가기

🎧 09.mp3

이 책만 다 읽고 목욕하러 갈게요. 🔍

B: I'll go take a bath after I finish this book.

Pattern 01 ·········• don't need to ~
~할 필요가 없다

Pattern 02 ·········• in order to ~
~하기 위해서

Pattern 03 ·········• will go ~ after …
…한 후에 ~(하러) 갈 것이다

엄마는 아이에게 땀투성이가 되었으니 목욕하라고 말합니다. 아이는 목욕하기 싫어합니다. 하지만 엄마는 아이가 감기에 걸리지 않기 위해선 잘 씻어야 한다고 말합니다. 아이는 책을 다 읽고 나서 목욕하겠다고 엄마와 약속합니다.

A It's time for your bath!

B Mom, I think I *don't need to* bathe today.

A You have to bathe every day.
   You're all sweaty since you've played hard.

B I don't smell bad, do I?

A No. You should make yourself clean *in order to* not catch a cold.

B Then I*'ll go* take a bath *after* I finish this book.

A You promise?

B Yes. I promise.

A 목욕할 시간이야!

B 엄마, 저 오늘은 목욕을 안 해도 될 것 같아요.

A 목욕은 매일 해야지. 너 열심히 놀아서 땀투성이야.

B 냄새는 안 나잖아요?

A 냄새는 안 나. 감기에 걸리지 않으려면 잘 씻어야 해.

B 그럼 이 책만 다 읽고 목욕하러 갈게요.

A 약속할 수 있겠어?

B 그럼요. 약속할게요.

Pattern

01
don't need to ~
~할 필요가 없다

▶ I don't need to *take a bath* since I won't go out today.

난 오늘은 나갈 일이 없으니 목욕을 하지 않아도 돼.

▶ You don't need to *buy more lettuce* as we have two heads already.

우리는 이미 양상추가 2개 있으니 더 살 필요 없어.

▶ They don't need to *fill up the tank* as it's *already been filled*.

이미 탱크는 가득 채워졌기 때문에 그들이 채우지 않아도 돼.

take a bath 목욕을 하다

buy more lettuce
양상추를 더 사다

fill up the tank
탱크를 채우다

already be filled
이미 채워져 있다

Pattern

02 in order to ~
~하기 위해서

▶ In order to *make a team*, you have to love this sport first.

팀을 이루기 위해서 넌 먼저 이 스포츠를 사랑해야 돼.

▶ In order to create a new product, we have to *brainstorm*.

새로운 제품을 만들기 위해서 우리는 브레인 스토밍을 해야 된다.

▶ I have to take my son to a *theme park* in order not to *break my promise*.

내가 한 약속을 깨지 않기 위해서 아들을 놀이 공원에 데려가야 해.

make a team
팀을 이루다/ 만들다

brainstorm
브레인스톰하다,
머리를 모으다

theme park 놀이 공원

break my promise
내가 한 약속을 깨다

Pattern

03 will go ~ after …
…한 후에 ~(하러) 갈 것이다

▶ I'll go to dinner after I go to the *bathroom*.

나는 화장실에 갔다 온 후 저녁을 먹으러 갈 것이다.

▶ She'll go to *graduate school* after she *graduates from* college.

그녀는 대학교 졸업 후 대학원에 갈 것이다.

▶ They'll go to an interview after they *submit* their *application*.

그들은 지원서를 제출한 후에 면접을 보러 갈 것이다.

bathroom 화장실

graduate school 대학원

graduates from
 ~를 졸업하다

submit 제출하다

application 지원서

다음 빈칸에 들어갈 말을 써보세요.

1. You _____ _____ _____ buy more lettuce as we have two heads already.

   우리는 이미 양상추가 2개 있으니 더 살 필요 없어.

2. _____ _____ _____ create a new product, we have to brainstorm.

   새로운 제품을 만들기 위해서 우리는 브레인 스토밍을 해야 된다.

3. She _____ _____ to graduate school _____ she graduates from college.

   그녀는 대학교 졸업 후 대학원에 갈 것이다.

다음 우리말과 같은 뜻이 되도록 주어진 단어를 바르게 배열해보세요.

1. 난 오늘은 나갈 일이 없으니 목욕을 하지 않아도 돼.

   go out / don't / a bath / since / to take / today / need / I won't

   I _____

2. 팀을 이루기 위해서 넌 먼저 이 스포츠를 사랑해야 돼.

   to love / order / have / you / this sport / a team / first / to make

   In _____

3. 나는 화장실에 갔다 온 후 저녁을 먹으러 갈 것이다.

   go / after / the bathroom / I / to dinner / go to

   I'll _____

Scene 10

네이버 오늘의 영어 회화 바로가기

 10.mp3

까맣게 잊고 있었어! 🔍

B: It completely slipped my mind!

Pattern 01 ········ • slip one's mind
까빡 잊어버리다

Pattern 02 ········ • as soon as possible
가능한 한 빨리

Pattern 03 ········ • was(were) planning to ~
~하려고 계획했었다

두 친구가 부모님께 드릴 어버이날 선물에 관해 이야기하고 있습니다. 한 친구는 다른 친구에게 어버이날에 부모님을 어떻게 모실지 물어봅니다. 그는 부모님에게 아름다운 꽃다발을 사드리겠다고 합니다. 다른 친구는 영화표를 사드리겠다고 말합니다.

A What will you get for your parents?

B What are you talking about?

A Next week is Parent's Day, don't you know?

B No, it completely *slipped my mind*!

A You should pick up something *as soon as possible*.
   What will you get?

B Probably a beautiful bouquet. My mom loves flowers.

A Oh, that's a good one. I should consider buying flowers too!

B What *were* you *planning to* buy?

A I was going to get them movie tickets.

B I think that's a good one, too.

A 너는 부모님 선물 뭐 살 거야?

B 그게 무슨 말이야?

A 다음 주가 어버이날이잖아, 몰랐어?

B 응, 까맣게 잊고 있었어!

A 가능한 한 빨리 뭔가를 골라야 해. 뭘 살 거야?

B 아마도 예쁜 꽃다발을 살 것 같아. 엄만 꽃을 좋아하시거든.

A 오, 그거 좋은 선물이다. 나도 꽃 사는 걸 고려해봐야겠다.

B 너는 뭐 사려고 했는데?

A 영화 티켓을 사 드릴까 했어.

B 그것도 좋은 선물 같아.

Pattern

01 slip one's mind
깜빡 잊어버리다

▶ **Her birthday** *completely* **slipped my mind.**

그녀의 생일을 나는 완전히 잊어버렸다.

▶ **The** *meeting after lunch completely* **slipped my mind.**

점심 후 미팅을 완전히 잊어버렸다.

▶ **Their** *wedding anniversary completely* **slipped my mind.**
I'll call them to *apologize.*

그들의 결혼기념일을 완전히 잊어버렸어.
전화해서 사과할 거야.

completely 완전히

meeting after lunch
점심 후 회의/미팅

wedding anniversary
결혼 기념일

apologize 사과하다

Pattern

02 as soon as possible
가능한 한 빨리

▶ As soon as possible, we should *start to study* for our *exam* next week.

가능한 한 빨리 다음 주 시험공부를 해야 한다.

▶ I'll *go shopping* for tomatoes and fruit as soon as possible.

가능한 한 빨리 토마토랑 과일을 사러 갈 거야.

▶ I want to *get off work* as soon as possible and *rest at home*.

난 가능한 한 빨리 퇴근해서 집에서 쉬고 싶다.

start to study
공부하기 시작하다

exam 시험

go shopping
쇼핑을 하러가다

get off work 퇴근하다

rest at home
집에서 쉬다

Pattern

03

was(were) planning to ~
~하려고 계획했었다

▶ I was planning to be a *cybersecurity expert*, but the classes were *too expensive*.

나는 사이버 보안 전문가가 될 계획이었지만 수업들이 너무 비싸다.

cybersecurity expert
사이버 보안 전문가

too expensive
너무 비싸다

plan to graduate
졸업을 계획하다

postpone 연기하다

▶ She was *planning to graduate* early but didn't have enough credits.

그녀는 졸업을 일찍 하려고 계획했지만 학점이 부족했다.

▶ They were planning to marry in October but had to *postpone* the wedding.

그들은 10월에 결혼하려고 했지만 결혼식을 미뤄야 했다.

다음 빈칸에 들어갈 말을 써보세요.

1. The meeting after lunch completely _____ _____ _____ .
   점심 후 미팅을 완전히 잊어버렸다.

2. I want to get off work _____ _____ _____ _____ and rest at home.
   난 가능한 한 빨리 퇴근해서 집에서 쉬고 싶다.

3. They _____ _____ _____ marry in October but had to postpone the wedding.
   그들은 10월에 결혼하려고 했지만 결혼식을 미뤄야 했다.

다음 우리말과 같은 뜻이 되도록 주어진 단어를 바르게 배열해보세요.

1. 그녀의 생일을 나는 완전히 잊어버렸다.

   my / slipped / mind / birthday / completely

   Her _____

2. 가능한 한 빨리 토마토랑 과일을 사러 갈 거야.

   fruit / go shopping / and / for tomatoes / as possible / as soon

   I'll _____

3. 그녀는 졸업을 일찍 하려고 계획했지만 학점이 부족했다.

   have enough / didn't / to graduate / was planning / early / credits / but

   She _____

70

Scene 11

네이버 오늘의 영어 회화 바로가기

 11.mp3

그리고 내가 그들을 돌봐줘야 해.

A And I have to take care of them.

Pattern 01	•	tell ~ about … ~에게 …에 대해 말해주다
Pattern 02	•	while ~ing ~할 때, ~하다가
Pattern 03	•	take care of ~ ~을 돌보다, 관리하다

두 친구가 대화를 나누고 있습니다. 한 친구가 말하길 그의 형제 모두 허리를 다쳤습니다. 한 형제는 등산을 하다가, 다른 형제는 무거운 물건을 들어 올리다가 허리가 부러졌습니다. 이제 그가 병원에서 형제들을 돌봐야 하며, 그는 앞으로 형제들과 같은 사고를 피하기 위해 조심히 지내겠다고 말합니다.

A Did I *tell* you *about* the news that my brothers broke their backs?

B No. What happened?

A My oldest brother broke his back when he went hiking, and I guess my other brother broke his back *while lifting* heavy loads.

B Wow! Two brothers with two brokenbacks. What a bad coincidence.

A They're taking a rest at the hospital, and I have to *take care of* them.

B That's another sad story. It must be hard for you, too.

A Yes. That's why I won't go hiking or lift heavy objects anymore.

A 우리 형들이 모두 허리를 다쳤다고 말했었나?

B 아니. 어떻게 된 거야?

A 첫째 형은 등산을 갔다가 허리가 부러졌고, 다른 형은 무거운 짐을 들다가 허리가 부러졌어.

B 세상에! 두 형제가 다 허리가 부러지다니. 불운이 겹쳤네.

A 둘 다 병원에서 쉬고 있는데 내가 돌봐줘야 해.

B 그건 또 다른 슬픈 이야기네. 너도 힘들겠다.

A 응. 그래서 난 이제 등산도 가지 않을 거고 무거운 짐도 들지 않으려고.

Pattern

01 tell ~ about …
~에게 …에 대해 말해주다

▶ Why don't you tell your *supervisor* about his *bad behavior*?

상사에게 그의 나쁜 행동에 관하여 말해 보는 게 어때?

▶ I'll tell her about the *drop in the price* of art supplies.

미술품 가격 하락에 관해서 그녀에게 말할 거야.

▶ Tell them about the *new business hours*.

그들에게 새로운 매장 영업시간에 대해 말해줘.

supervisor
감독관, 지도교수

bad behavior
불량 행위/행동

drop in the price
가격 하락

new business hours
새로운 매장 영업시간

Pattern

02 | while ~ing
~할 때, ~하다가

▶ She *broke her leg* while skiing last winter.

그녀는 작년 겨울에 스키를 타다가 다리가 부러졌다.

broke someone's leg
  ~의 다리가 부러졌다

accident 사고

text 문자를 하다

make up 화해하다

roller skat
  롤러스케이트를 타다

▶ He had an *accident* while *texting* while driving.

그는 운전 중에 문자를 하다가 사고를 당했다.

▶ They *made up* while *roller skating* on Saturday.

그들은 토요일에 롤러스케이트를 타면서 화해했다.

Pattern

03

take care of ~

~을 돌보다, 관리하다

▶ He has to take care of his mother *because of* her old *age*.

그의 어머니는 연세가 많아서 그가 돌봐야 한다.

▶ I have to take care of my (younger) *siblings when* my *parents are not around*.

부모님이 안 계실 때는 내가 동생들을 돌봐야 한다.

▶ They have to take care of their life plans *by themselves*.

그들은 인생 계획을 스스로 관리해야 한다.

because of ~ 때문에

age 나이

siblings 형제 자매

when parents are not around
  부모님이 안 계실 때

by oneself 스스로

다음 빈칸에 들어갈 말을 써보세요.

1. Why don't you _____ your supervisor _____ his bad behavior?
   상사에게 그의 나쁜 행동에 관하여 말해 보는 게 어때?

2. They made up _____ roller _____ on Saturday.
   그들은 토요일에 롤러스케이트를 타면서 화해했다.

3. He has to _____ _____ _____ his mother because of her old age.
   그의 어머니는 연세가 많아서 그가 돌봐야 한다.

다음 우리말과 같은 뜻이 되도록 주어진 단어를 바르게 배열해보세요.

1. 그들에게 새로운 매장 영업시간에 대해 말해줘.

> them / the / business / hours / about / new

Tell _____

2. 그녀는 작년 겨울에 스키를 타다가 다리가 부러졌다.

> skiing / last winter / her leg / broke / while

She _____

3. 그들은 인생 계획을 스스로 관리해야 한다.

> have to / plans / take care of / life / by themselves / their

They _____

Scene 12

네이버 오늘의 영어 회화 바로가기

🎧 12.mp3

졸리면 가서 자. 🔍

A You can go to bed if you're sleepy.

Pattern 01 •····· • go to bed
자러 가다, 잠자리에 들다

Pattern 02 •····· • after ~ing
~한 후에

Pattern 03 •····· • eyes are closed
눈이 감기다

두 사람이 TV를 보고 있습니다. 한 사람이 피곤한 기색이 역력한 다른 사람에게 자러 가라고 말합니다. 끝나려면 한참 남았다는 말은 들은 그는 결국 먼저 자러 갑니다.

A You can *go to bed* if you're sleepy.

B I can't. I'll go to sleep *after watching* the ending.

A There's still a long way left. Your *eyes are* already half *closed*.

B I'm just a little tired.
   By the way, how much time is left for it to end?

A About an hour or so.

B What? I thought it was almost over.

A Yes. You'll end up falling asleep on the couch.

B You know what? I'll just go to bed now.

A 졸리면 가서 자.

B 그럴 수 없어. 결말까지 보고 잘 거야.

A 그러기엔 아직 한참 남았어. 네 눈은 벌써 반쯤 감겼다고.

B 그냥 조금 피곤한 것뿐이야. 그런데, 끝나려면 얼마나 남은 거야?

A 1시간 정도.

B 뭐라고? 거의 끝난 줄 알았는데.

A 응. 이러다 나는 너 자는 걸 보겠어.

B 있잖아. 먼저 자러 갈게.

Pattern

01
go to bed
자러 가다, 잠자리에 들다

▶ I'll go to bed early, so I can *get up early*.
일찍 일어날 수 있도록 일찍 자러 가야겠다.

▶ They went to bed late *last night*, and they are *sleepy* all day.
그들은 어젯밤 늦게 자서 하루 종일 졸려했다.

▶ We go to bed as early as we can *during the summer*.
우리는 여름에는 가능한 한 빨리 잠을 잔다.

get up early
일찍 일어나다

last night 어젯밤

sleepy 졸리다

during the summer
여름 동안

79

Pattern

02 after ~ing
~한 후에

▶ I'll *finish* my *homework* after having dinner.

난 저녁을 먹은 후에 숙제를 끝낼 것이다.

▶ They'll graduate *after completing their courses*.

그들은 학습 과정을 마친 후에 졸업할 것이다.

▶ He'll *take a bath* after *painting the wall*.

그는 벽에 페인트를 칠한 후에 목욕을 할 것이다.

finish homework
숙제를 끝내다

after completing their courses
학습 과정을 마친 후에

take a bath 목욕을 하다

paint the wall
벽에 페인트를 칠하다

Pattern

03 eyes are closed
눈이 감기다

▶ My eyes are closed, but I'm still *wide awake*.

내 눈은 감겼지만 정신은 말똥말똥하다.

▶ Your eyes are closed, so you *might as well* go to bed.

너의 눈이 감겼으니 자러 가는 것이 좋겠다.

▶ Her eyes are closed, so she *won't see us* take her ice cream.

그녀의 눈이 감겼으니 우리가 그녀의 아이스크림을 가져 가는 걸 못 볼 거야.

wide awake
완전히 잠에서 깨다

might as well
~하는 편이 낫다

won't see us
우리를 볼 수 없을 것이다
(won't
= will not 의 줄임말)

다음 빈칸에 들어갈 말을 써보세요.

1. They _____ _____ _____ late last night, and they are sleepy all day.
   그들은 어젯밤 늦게 자서 하루 종일 졸려했다.

2. They'll graduate _____ _____ their courses.
   그들은 학습 과정을 마친 후에 졸업할 것이다.

3. Her _____ _____ _____ , so she won't see us take her ice cream.
   그녀의 눈이 감겼으니 우리가 그녀의 아이스크림을 가져가는 걸 못 볼 거야.

다음 우리말과 같은 뜻이 되도록 주어진 단어를 바르게 배열해보세요.

1. 일찍 일어날 수 있도록 일찍 자러 가야겠다.

so / to bed early / get up early / I can / go

   I'll _____

2. 그는 벽에 페인트를 칠한 후에 목욕을 할 것이다.

painting / a bath / the wall / take / after

   He'll _____

3. 내 눈은 감겼지만 정신은 말똥말똥하다.

awake / eyes / but / I'm still / are closed / wide

   My _____

Scene 13

네이버 오늘의 영어 회화 바로가기

🎧 13.mp3

그가 이번엔 성공할 것 같아.

B: I think he'll succeed this time.

Pattern 01 •········· Glad to hear ~
~라니 다행이야, ~라는 소식을 들으니 기뻐

Pattern 02 •········· quit(stop) ~ing
~하는 것을 멈추다, 끊다

Pattern 03 •········· will succeed
성공할 것이다

🔍 **오늘의 대화문입니다. 원어민의 대화를 잘 들어보세요.**

두 친구가 다른 친구의 운전면허 시험에 대해 이야기하고 있습니다. 친구는 이전에 필기 시험에서 두 번이나 떨어졌기 때문에 아직 운전면허를 따지 못했습니다. 그들은 이번에 는 친구가 필기시험에도 붙었으니 결국 면허 획득에 성공할 것이라고 생각합니다.

A Did you hear about Greg?

B Nope not at all. Why?

A He has finally passed the written test for a driver's license.

B Really? *Glad to hear* that. He failed twice in the past.
Didn't he *quit studying*?

A I sent him old tests.

B Great. I hope he gets the license this time.

A I'm not sure. He is not confident of driving.

B But I think he*'ll succeed* this time.

A Yeah. I hope so, too.

A 너 그렉에 대해 들었어?

B 아니 전혀. 왜?

A 그가 드디어 운전면허 필기시험에 합격했대.

B 진짜? 잘됐다. 전에 두 번 불합격했잖아. 그가 공부를 그만두지 않았나?

A 내가 그에게 기출문제를 보내줬어.

B 잘됐다. 이번 기회에 면허를 따면 좋을 텐데.

A 잘 모르겠어. 운전은 자신 없어 하잖아.

B 그렇지만 이번엔 성공할 것 같아.

A 그래. 나도 그러길 바라.

Pattern

01 glad to hear ~
~라니 다행이야, ~라는 소식을 들으니 기뻐

▶ Glad to hear that your daughter is *back in school again*.
네 딸이 다시 학교로 돌아온다는 소식을 들어 다행이야.

▶ Glad to hear that you've *found a new job*.
네가 새로운 직장을 찾았다는 소식을 들어 다행이야.

▶ Glad to hear that your *boyfriend* will *be discharged from the army* soon.
네 남자친구가 곧 제대할 거라니 잘됐다.

back in school again
다시 학교로 돌아간다

find a new job
새 직업을 찾다

boyfriend 남자친구
 * girlfriend 여자친구

be discharged from
 the army
군대를 제대하다

Pattern

02 quit(stop) ~ing
~하는 것을 멈추다, 끊다

▶ I stopped exercising, but I'm still *on a diet*.

운동은 그만뒀지만, 식이조절은 여전히 하는 중이야.

▶ After 10 years, He *finally* quit smoking *for his new family*.

10년 만에, 드디어 그는 새 가족을 위해 담배를 끊었다.

▶ Because of the *tight budget*, the store stopped *giving away* free samples.

한정된 예산으로 인해, 그 가게는 무료 샘플(견본) 배포를 중단했다.

on a diet 다이어트 중인

for his new family
그의 새 가족을 위해

finally 마침내

tight budget
한정된 예산

give away 무료로 주다

Pattern

03
will succeed
성공할 것이다

▶ **He will succeed at** *anything he tries*.
그는 시도하는 모든 것에 성공할 것이다.

▶ **With** *enough money*, **they will succeed in their** *business*.
돈이 충분하면 그들의 사업에서 성공할 것이다.

▶ **I will succeed if I** *stick to* **a** *practical plan*.
현실적인 계획을 고수한다면 나는 성공할 것이다.

anything he tries
  그가 시도하는 어느거나
enough money
  충분한 돈
business 사업
stick to 고수하다
practical plan
  현실적인 계획

다음 빈칸에 들어갈 말을 써보세요.

1. _____ _____ _____ that your daughter is back in school again.
   네 딸이 다시 학교로 돌아온다는 소식을 들어 다행이야.

2. After 10 years, He finally _____ _____ for his new family.
   10년 만에, 드디어 그는 새 가족을 위해 담배를 끊었다.

3. With enough money, _____ _____ they in their business.
   돈이 충분하면 그들의 사업에서 성공할 것이다.

다음 우리말과 같은 뜻이 되도록 주어진 단어를 바르게 배열해보세요.

1. 네가 새로운 직장을 찾았다는 소식을 들어 다행이야.

to hear / you've / found / that / a new job

   Glad _____

2. 운동은 그만뒀지만, 식이조절은 여전히 하는 중이야.

a diet / but / on / still / I'm / stopped / exercising

   I _____

3. 그는 시도하는 모든 것에 성공할 것이다.

tries / he / anything / at / will / succeed

   He _____

Scene 14

네이버 오늘의 영어 회화 바로가기

🎧 14.mp3

밖에 비 오는 거 같아.

A: It appears it's raining outside.

Pattern 01 ....• It appears~
~인 것 같다

Pattern 02 ....• hang out
함께 놀다

Pattern 03 ....• as long as~
~하는 한, ~하기만 한다면

두 사람이 날씨와 외출에 관해 이야기하고 있습니다. 한 사람은 지출이 많아 당분간 외출하지 않겠다고 합니다. 친구는 그가 취미활동에 많은 논을 썼을 것이라 확신합니다.

A *It appears* it's raining outside.

B Oh, it really is. It is the weatherthat makes me want to read books in the library.

A I wanted to go outside and *hang out*, but the weather is so bad.

B I spent too much money this month, so I'll not go out for a while.

A What did you use your money for?

B Well, it's a secret.

A Do you want me to guess?
   I bet you spent all your money on your hobby.

B It's actually true.

A I knew it. But it's fine *as long as* you are satisfied.

A 밖에 비 오는 거 같아.

B 오, 정말 그러네. 도서관 가서 책 읽고 싶게 만드는 날씨다.

A 난 밖에 나가서 놀고 싶었는데 날씨가 너무 안 좋다.

B 난 이번 달에 돈은 너무 많이 써서 당분간 외출하지 않으려고.

A 어디에다가 썼는데?

B 음, 비밀이야.

A 내가 맞춰 볼까? 너의 모든 돈을 네 취미 활동에 썼다고 확신해.

B 사실, 맞아.

A 그럴 줄 알았어. 하지만 네가 만족하면 된 거지.

Pattern

01
It appears~
~인 것 같다

▶ **It appears it will be** *sunny for the rest of the week*.
이번 주 남은 기간 동안은 날씨가 맑을 것 같다.

▶ **It appears** *storm clouds* **are gathering in the southern part.**
남부 지방에 폭풍우 구름이 모여들고 있는 것 같다.

▶ **It appears we've had a** *pretty good year after all*.
결국 우린 꽤 좋은 한 해를 보낸 것 같다.

sunny 화창한

for the rest of the week
　남은 한 주 동안

storm cloud 폭풍우 구름

pretty good year
　꽤 좋은 한 해

after all 결국

Pattern

02 hang out
함께 놀다

▶ Let's hang out *at the swimming pool* today, ok?

오늘 수영장에서 같이 놀자, 알았지?

at the swimming pool
 수영장에서

PC room PC방

whenever 아무 때나

once a day 하루에 한 번

▶ I like to hang out at the *PC room whenever* I have any free time.

나는 시간만 나면 PC방에서 노는 것을 좋아한다.

▶ I hang out on social media almost *once a day*.

나는 거의 하루에 한 번 소셜 미디어에 접속하면서 논다.

Pattern

03 as long as~
~하는 한, ~하기만 한다면

▶ The baby won't cry as long as his mother *is around*.

그의 엄마가 곁에 있는 한 아기는 울지 않을 것이다.

▶ I'll be *happy to tell you everything* as long as you can *keep a secret*.

네가 비밀을 지킬 수만 있다면 모든 걸 얘기해 주고 싶어.

▶ I can *get along with* others as long as they don't *bother me* too much.

나를 너무 귀찮게 하지 않는 한, 나는 다른 사람들과 잘 지낼 수 있다.

be around 곁에 있다

keep a secret
   비밀을 지키다

get along with~
   ~와 잘 지내다

bother someone
   누군가를 성가시게 하다

다음 빈칸에 들어갈 말을 써보세요.

1. _____ _____ storm clouds are gathering in the southern part.

   남부 지방에 폭풍우 구름이 모여들고 있는 것 같다.

2. I like to _____ _____ at the PC room whenever I have any free time.

   나는 시간만 나면 PC방에서 노는 것을 좋아한다.

3. I'll be happy to tell you everything _____ _____ _____ you can keep a secret.

   네가 비밀을 지킬 수만 있다면 모든 걸 얘기해 주고 싶어.

다음 우리말과 같은 뜻이 되도록 주어진 단어를 바르게 배열해보세요.

1. 결국 우린 꽤 좋은 한 해를 보낸 것 같다.

we've / appears / had / after all / year / a pretty good

   It _____

2. 오늘 수영장에서 같이 놀자, 알았지?

today / the swimming pool / out / at / ok / hang

   Let's _____

3. 그의 엄마가 곁에 있는 한 아기는 울지 않을 것이다.

is around / won't / cry / his mother / baby / as long as

   The _____

Scene 15

네이버 오늘의 영어 회화 바로가기

  15.mp3

나 아침에 일어나는 게 너무 힘들어.

A: I am having a hard time getting up in the morning.

Pattern 01 ·········· • have a hard time ~ing
~하는 데 어려움을 겪고 있다

Pattern 02 ·········· • be so tired of ~
~에 싫증이 나다

Pattern 03 ·········· • get it
이해하다

두 친구가 아침에 일어나는 일의 어려움에 대해 이야기하고 있습니다. 친구는 그녀에게 알람 시계를 사라고 제안합니다. 문제는 그뿐만이 아닙니다. 그녀는 일정을 잊어버리기도 하고, 상사와의 약속도 종종 잊어버리게 된다고 말합니다.

A Charles, I am *having a hard time getting* up in the morning.

B Why don't you buy an alarm clock?

A Right. That sounds good.

B Good. I *am* also *so tired of* seeing you late.

A There's one more problem with me.
I keep forgetting my schedule as well.

B Everybody does that sometimes.
Don't take it too seriously. Do you *get it*?

A Well… the thing that bothers me is that I often forget appointments even with my boss.

B That can create terrible problems!

A 찰스, 나 아침에 일어나는 게 너무 힘들어.

B 알람 시계를 사는 게 어때?

A 맞아. 그게 좋겠다.

B 그래. 나도 너 늦는 거 지켜보는 것도 지겨워.

A 나한테 문제가 하나 더 있어. 내 일정도 잊어버리고 있어.

B 누구나 가끔 그래. 너무 심각하게 생각하지 마. 알았지?

A 글쎄…. 신경 쓰이는 문제는 상사와의 약속도 종종 잊어버리는 거야.

B 그건 끔찍한 문제를 일으킬 수 있어!

Pattern

01
have a hard time ~ing
~하는 데 어려움을 겪고 있다

▶ I'm having a hard time *understanding the question*.

나는 그 문제를 이해하는 데 어려움을 겪고 있다.

▶ He's having a hard time *at school making friends*.

그는 학교에서 친구를 사귀는 데 어려움을 겪고 있다.

▶ They're having a hard time *comprehending* each project *clearly*.

그들은 각 프로젝트를 명확히 이해하는 데 어려움을 겪고 있다.

understand the question
질문을 이해하다

at school 학교에서

make friends
친구를 사귀다

comprehend 이해하다

clearly 명확하게

Pattern

02 be so tired of ~
~에 싫증이 나다

▶ I'm so tired of my *long commute*.

나는 긴 출퇴근에 너무 지쳤다.

▶ I've been so tired of studying and not *enjoying my life*.

나는 공부만 하고 인생을 즐기지 않는 것에 지쳐버렸다.

▶ He's been so *sick and tired of* working overtime for months.

그는 몇 달 동안 야근을 하는 데 진절머리가 났다.

long commute
긴 출퇴근

enjoy one's life
인생을 즐기다

sick and tired of~
~이(가) 지긋지긋하다/
지겹다

Pattern

03 | get it
이해하다

▶ **You should** *come to work one hour early* **tomorrow. Did you get it?**

내일은 한 시간 일찍 출근하세요. 알았죠?

▶ **We need to** *buy 20 bottles of water* **and** *5 kinds of snacks*. **Did you get it?**

우리는 물 20병이랑 5종류의 과자를 사야 해. 알았지?

▶ **After that, you may** *mix everything until it gets thick*. **Did you get it?**

그런 다음, 걸쭉해질 때까지 모두 섞어주면 됩니다. 이해하셨나요?

---

come to work 출근하다

one hour early
한 시간 일찍

buy 사다

20 bottles of water
20병의 물

5 kinds of snacks
5종류의 과자들

mix everything
모든 것을 섞다

until it gets thick
걸쭉해질 때까지

다음 빈칸에 들어갈 말을 써보세요.

1. They're _____ _____ _____ _____ _____ each
   project clearly.

   그들은 각 프로젝트를 명확히 이해하는 데 어려움을 겪고 있다.

2. He _____ been _____ sick and _____ _____ working
   overtime for months.

   그는 몇 달 동안 야근을 하는 데 진절머리가 났다.

3. After that, you may mix everything until it gets thick. Did you
   _____ _____ ?

   그런 다음, 걸쭉해질 때까지 모두 섞어주면 됩니다. 이해하셨나요?

다음 우리말과 같은 뜻이 되도록 주어진 단어를 바르게 배열해보세요.

1. 그는 학교에서 친구를 사귀는 데 어려움을 겪고 있다.

at school / is around / a hard time / friends / having / making

   He's _____

2. 나는 긴 출퇴근에 너무 지쳤다.

my / commute / so / of / long / tired

   I'm _____

3. 내일은 한 시간 일찍 출근하세요. 알았죠?

early tomorrow / should / one hour / did you / to work / come / get it

   You _____

Scene 16
네이버 오늘의 영어 회화 바로가기

🎧 16.mp3

난 오로라를 보러 갈 예정이야.

B: I am scheduled to go see an aurora.

Pattern 01 ·········• be sick of ~
~에 질리다/ 넌더리 나다

Pattern 02 ·········• be scheduled to ~
~하기로 예정되다

Pattern 03 ·········• I don't know if ~
나는 ~인지 모르겠다 / 확실하지 않다

두 친구가 휴가 여행에 관해 대화를 나누고 있습니다. 한 친구는 휴가 때 오로라를 보러 갈 예정이지만, 여름이라 오로라를 보기 힘들 것 같다고도 말합니다. 다른 친구는 그렇다면 겨울에 보러 가는 게 어떻겠냐고 묻습니다.

A *I'm sick of* staying home on holidays every year.
   Do you have a place you want to travel in particular?

B Yes, I *am scheduled to* go see an aurora.

A Then you should travel north. I'm so jealous!

B But I'm not sure if I will be able to see an aurora.

A Why? Only if the travel schedule is long, can't you see it well enough?

B It is summer, so it's harder to see an aurora than winter.

A Then, how about going in the winter instead of summer?

B *I don't know if* I will be able to take a time off in winter.

A 난 매년 휴가 때 집에만 있는 것에 질렸어. 넌 특별히 여행하고 싶은 곳이 있니?

B 응, 난 오로라를 보러 갈 예정이야.

A 그렇다면 북쪽으로 여행을 가겠네. 부럽다!

B 그런데 오로라를 볼 수 있을지 잘 모르겠다.

A 왜? 여행 일정만 길다면, 충분히 볼 수 있지 않니?

B 여름이라 겨울보단 오로라를 보기가 힘들 거야.

A 그러면, 여름 대신에 겨울에 가는 게 어때?

B 겨울에 휴가를 낼 수 있을지 모르겠어.

Pattern

01 be sick of ~
~에 질리다/ 넌더리 나다

▶ I'm sick of eating *frozen pizza* for lunch.
점심으로 냉동 피자를 먹는 게 질린다.

▶ Jack is sick of his *colleague*'s *endless complaints*.
잭은 그의 동료의 끝없는 불평에 넌더리가 난다.

▶ I'm sick of *bad articles* of the magazine I'm *subscribing*.
내가 구독중인 잡지의 저질 기사들에 질린다.

frozen pizza 냉동 피자
colleague 동료/학우
endless complaints
 끝없는 불편
bad articles 나쁜 기사들
subscribe 구독하다

Pattern

02
be scheduled to ~
~하기로 예정되다

▶ We are scheduled to go to Je-ju for a *conference*.

우리는 회의를 위해 제주에 가기로 예정되었다.

▶ I am scheduled to take a *Korean class this spring*.

나는 이번 봄에 한국어 수업을 듣기로 예정되었다.

▶ He is scheduled to *evaluate a new restaurant*.

그는 새 식당을 평가하기로 예정되었다.

conference 회의

Korean class
한국어 수업

this spring 이번 봄

evaluate a new
restaurant
새 식당을 평가하다

Pattern

03 I don't know if ~
나는 ~인지 모르겠다/ 확실하지 않다

▶ I don't know if the weather would be nice *on Monday*.

월요일에 날씨가 좋을지 잘 모르겠다.

▶ I don't know if he will *get promoted next quarter*.

다음 분기에 그가 승진될지 확실하지 않다.

▶ I don't know if I can make it *on time* to work.

내가 직장에 제시간에 도착할 수 있을지 모르겠다.

on Monday 월요일에

get promoted 승진하다

next quarter 다음 분기

on time 제시간에

다음 빈칸에 들어갈 말을 써보세요.

1. I _____ _____ _____ bad articles of the magazine I'm subscribing.
내가 구독중인 잡지의 저질 기사들에 질린다.

2. I _____ _____ _____ take a Korean class this spring.
나는 이번 봄에 한국어 수업을 듣기로 예정되었다.

3. _____ _____ _____ _____ the weather would be nice on Monday.
월요일에 날씨가 좋을지 잘 모르겠다.

다음 우리말과 같은 뜻이 되도록 주어진 단어를 바르게 배열해보세요.

1. 점심으로 냉동 피자를 먹는 게 질린다.

sick of / eating / frozen / for lunch / pizza

I'm _____

2. 그는 새 식당을 평가하기로 예정되었다.

scheduled / a new restaurant / to / is / evaluate

He _____

3. 내가 직장에 제 시간에 도착할 수 있을지 모르겠다.

make it / if / on time / I can / don't / know / to work

I _____

Scene 17

네이버 오늘의 영어 회화 바로가기

 17.mp3

거기 꼭 가 볼게요. 고마워요.

A: I'll be there for sure. Thanks.

Pattern 01 • the easiest way to ~
~을 하는 가장 편리한(쉬운) 방법

Pattern 02 • get off
(교통수단에서) 내리다

Pattern 03 • for sure
확실히

한 사람이 행인에게 국립 공원에 갈 수 있는 가장 쉬운 방법을 물어봅니다. 질문을 받은 사람은 친절하게 목적지에 가는 길을 설명해주고, 또 부탁에 따라 가볼 만한 식당을 한 군데 소개해줍니다.

A   Excuse me. What is *the easiest way to* get to the National park?

B   You should take the bus no. 6 and *get off* at Fifth Avenue.
It'll be on your right. You will find it easily.

A   Thank you very much.

B   Of course.

A   Also, may I ask you for some suggestionson restaurants that
I could visit near National park?

B   Sure, you should visit the E restaurant across from the
National park.

A   Okay, I'll be there *for sure*. Thanks.

A   실례합니다. 국립 공원에 가는 가장 쉬운 방법을 알 수 있을까요?

B   6번 버스를 타서 5번가에서 내리세요. 당신의 오른편에 있을 겁니다. 쉽게 찾을 수 있을 거예요.

A   정말 고마워요.

B   뭘요.

A   그리고, 국립 공원 근처에 가볼 만한 식당 추천을 부탁드려도 될까요?

B   당연하죠, 국립 공원 맞은편에 E 레스토랑을 꼭 가 보세요.

A   네, 거기 꼭 가 볼게요. 고마워요.

Pattern

01 the easiest way to ~
~을 하는 가장 편리한(쉬운) 방법

▶ **The easiest way to** *find directions* **is by using** *internet maps*.
길을 찾는 가장 쉬운 방법은 인터넷 지도를 이용하는 것이다.

▶ **The easiest way to be successful is to** *enjoy what you do*.
성공하는 가장 쉬운 방법은 자신이 하는 일을 즐기는 것이다.

▶ **It is the easiest way to** *bake chocolate chip cookies*.
이게 초콜릿 칩 쿠키를 만드는 가장 쉬운 방법이다.

find directions
  길을 찾다

internet maps
  인터넷 상의 지도

enjoy what you do
  하는 일을 즐기다

bake chocolate chip
cookies
  초콜릿 칩 쿠키를 만들다/
  굽다

Pattern

02 get off
(교통수단에서) 내리다

▶ Be sure to get off at the Chamwon *bus stop*.

반드시 잠원 버스 정류장에서 내려야 해.

▶ *Take the subway Line 1* and get off at Suwon *station*.

지하철 1호선을 타서 수원역에서 내려.

▶ Get off at the Yongin station and go right for *several miles*.

용인역에서 내려서 오른쪽으로 몇 마일을 더 가.

bus stop 버스 정류장

take the subway Line 1
지하철 1호선을 타라

station 역

several miles 몇 마일

Pattern

03 for sure
확실히

▶ **For sure,** *starting a family* **becomes more difficult.**

확실히 가정을 꾸리는 것이 더 어려워지고 있다.

▶ **We**'*ll be there* **on time for sure.**

우리는 확실히 시간 맞춰서 도착할게.

▶ *No one knows* **for sure what happened that day.**

그날 어떤 일이 일어났는지 아무도 확실히 알지 못한다.

start a family
가정을 꾸리다

more difficult
더 어렵다

~will be there
~이(가) 거기 있을 것이다

no one knows
아무도 모른다

다음 빈칸에 들어갈 말을 써보세요.

1. _____ _____ _____ _____ find directions is by using internet maps.

   길을 찾는 가장 쉬운 방법은 인터넷 지도를 이용하는 것이다.

2. _____ _____ at the Yongin station and go right for several miles.

   용인역에서 내려서 오른쪽으로 몇 마일을 더 가.

3. _____ _____ , starting a family becomes more difficult.

   확실히 가정을 꾸리는 것이 더 어려워지고 있다.

다음 우리말과 같은 뜻이 되도록 주어진 단어를 바르게 배열해보세요.

1. 이게 초콜릿 칩 쿠키를 만드는 가장 쉬운 방법이다.

   | chocolate / to bake / chip / is / the easiest way / cookies |

   It _____

2. 반드시 잠원 버스 정류장에서 내려야 해.

   | bus / stop / to get off / at the Chamwon / sure |

   Be _____

3. 우리는 확실히 시간 맞춰서 도착할게.

   | sure / on / time / for / be / there |

   We'll _____

Scene 18

네이버 오늘의 영어 회화 바로가기

🎧 18.mp3

산타에게 운전면허를 달라고 소원을 빌 거래.

A: He said that he will make a wish to Santa to get a driver's license.

Pattern 01 .... • You'll never believe ~
~가 믿기지 않을 것이다

Pattern 02 .... • but instead
하지만 대신에

Pattern 03 .... • make a wish
소원을 빌다

한 친구가 조카에 관한 이야기를 꺼냅니다. 장난감 자동차를 운전하고 싶어 하는 조카에게 운전면허 없이는 그럴 수 없다고 놀려줬다는 이야기입니다. 그러면서 그는 산타에게 운전면허를 달라고 소원을 비는 조카가 너무 귀엽다고 말합니다.

A *You'll never believe* what my nine-year-old nephew asked me today.

B What did he ask?

A He asked me, "When can I learn to drive a car?"

B Does he want to drive already?

A Yes. He wants to drive his toy car.

B So, did you teach him?

A No, *but instead* I teased him that he couldn't get on his car without a driver's license.

B And what did your nephew reply?

A He said that he will *make a wish* to Santa to get a driver's license. Isn't he so cute?

A 넌 오늘 내 9살짜리 조카가 물어본 걸 절대 믿지 못할 거야.

B 뭘 물어봤는데?

A "자동차 운전하는 법을 언제 배울 수 있어요?"라고 물어봤어.

B 벌써 운전을 하고 싶어 한다고?

A 응. 자신의 장난감 자동차를 운전하고 싶어 해.

B 그래서 가르쳐 줬어?

A 아니, 하지만 대신 운전면허가 없으면 차에 탈 수 없다고 놀려줬지.

B 그래서 조카가 뭐래?

A 산타에게 운전면허를 달라고 소원을 빌 거래. 너무 귀엽지 않니?

Pattern

01 You'll never believe ~
~가 믿기지 않을 것이다

▶ You'll never believe what happened to my sister *last week*.

우리 언니한테 지난주 무슨 일이 있었는지 절대 못 믿을 거야.

▶ You'll never believe what happened on the moon *last Christmas*.

지난 크리스마스에 달에서 무슨 일이 일어났는지 절대 못 믿을 거야.

▶ You'll never believe how much I *paid for* this *down jacket*.

내가 이 솜털 재킷을 얼마 주고 샀는지 넌 절대 못 믿을 거야.

last week 지난 주
last Christmas
  지난 크리스마스
pay for 지불하다
down jacket 솜털 재킷

Pattern

02 but instead
하지만 대신에

▶ I *should be happy*, but instead I feel nothing.

나는 행복해야 하는데 대신에 공허함을 느낀다.

▶ We were going to *buy a new car*, but instead, we bought a *used car*.

우리 새 차를 사려고 했지만 대신 중고차를 샀다.

▶ I was going to stay in my *hometown*, but instead, I moved after high school.

나는 고향에 머물려고 했지만 대신 고등학교를 졸업하고 이사를 했다.

should be happy
행복해야 한다

buy a new car
새로운 차를 사다

used car 중고차

hometown 고향

Pattern

03 make a wish
소원을 빌다

▶ My *grandmother always* made a wish to God.

우리 할머니는 항상 신께 소원을 비셨다.

▶ We should make a wish to have a better year *this year*.

우리는 올해 더 나은 한 해를 보내도록 소원을 빌자.

▶ Make a wish and *see what happens* to your wish.

소원을 빌고 너의 소원이 어떻게 되는지 보렴.

grandmother 할머니

always 항상

this year 올 해

see what happens
  어떻게 되는지 보다

117

다음 빈칸에 들어갈 말을 써보세요.

1. _____ _____ _____ what happened on the moon last Christmas.

   지난 크리스마스에 달에서 무슨 일이 일어났는지 절대 못 믿을 거야.

2. I was going to stay in my hometown, _____ _____ , I moved after high school.

   나는 고향에 머물려고 했지만 대신 고등학교를 졸업하고 이사를 했다.

3. We should _____ _____ _____ to have a better year this year.

   우리는 올해 더 나은 한 해를 보내도록 소원을 빌자.

다음 우리말과 같은 뜻이 되도록 주어진 단어를 바르게 배열해보세요.

1. 내가 이 솜털 재킷을 얼마 주고 샀는지 넌 절대 못 믿을 거야.

I paid / believe / for / how much / this / down jacket / never

   You'll _____

2. 나는 행복해야 하는데 대신에 공허함을 느낀다.

I feel / should / instead / nothing / be happy / but

   I _____

3. 우리 할머니는 항상 신께 소원을 비셨다.

made / to / grandmother / God / always / a wish

   My _____

Scene 19

네이버 오늘의 영어 회화 바로가기

🎧 19.mp3

11시 55분에 탑승하시면 됩니다. 🔍

B: You can begin boarding at 11:55 AM.

Pattern 01 ....• begin ~ing
~하기 시작하다

Pattern 02 ....• Where can I find ~?
~을 어디서 찾을 수 있나요?

Pattern 03 ....• be over there near ~
~ 근처 저기에 있다

한 사람이 발권 담당자에게 LA행 비행기의 이코노미석 티켓을 주문합니다. 또한 탑승구로 가는 방법도 물어봅니다. 발권 담당자는 티켓을 건네주고 탑승구에 이르는 길을 그녀에게 설명해줍니다.

A Excuse me, when is the next plane for L.A.?

B At 12:30 pm, ma'am.

A Okay, can I get a ticket for the economy class?

B Here's your ticket. You can *begin boarding* at 11:55 AM.

A *Where can I find* the boardinggate for this flight?

B The departure gate *is over there near* the fast-food restaurant. You will find the boarding gate as you pass the immigration.

A Thanks.

A 실례합니다, LA로 가는 다음 비행기가 언제인가요?

B 오후 12시 30분입니다, 고객님.

A 네, 이코노미석으로 한 장 주시겠어요?

B 여기 고객님 티켓입니다. 오전 11시 55분에 탑승하시면 됩니다.

A 이 비행기의 탑승구는 어디서 찾을 수 있나요?

B 출국 게이트가 저기 패스트푸드 음식점 옆에 있어요. 출국 심사대를 통과하시면 탑승구를 찾을 수 있을 거예요.

A 감사합니다.

Pattern

01 begin ~ing
~하기 시작하다

▶ **They'll begin working after** *getting settled in* **a new place.**
그들은 새로운 곳에 정착한 후에 일을 시작할 것이다.

▶ **We can begin shopping** *as soon as* **we** *arrive* **there.**
우리는 그곳에 도착하자마자 쇼핑을 시작할 수 있다.

▶ **You can begin eating after the** *orientation seminar*.
오리엔테이션 세미나가 끝나면 식사를 시작할 수 있다.

get settled in
~에 정착하다

as soon as ~하자마자

arrive 도착하다

orientation seminar
오리엔테이션 세미나,
예비 세미나

Pattern

02 Where can I find ~?
~을 어디서 찾을 수 있나요?

▶ Where can I find a *coffee shop*?
커피숍을 어디서 찾을 수 있을까요?

▶ Where can I find the *train schedule* to go to Busan?
부산으로 가는 기차 시간표를 어디서 찾을 수 있어요?

▶ Where can I *find the link* to *book a room*?
객실 예약을 하는 링크를 어디서 찾을 수 있나요?

coffee shop
커피숍, 카페

train schedule
기차 시간표

find the link
링크를 찾다

book a room
객실을 예약하다

Pattern

03 be over there near ~
~ 근처 저기에 있다

▶ Her *purse* is over there near the *restaurant menu*.
그녀의 지갑은 저기 식당 메뉴판 근처에 있다.

▶ Their coats are over there near the *front desk*.
그들의 코트는 저기 프런트 데스크 근처에 있다.

▶ My keys are over there near the *newspaper on the kitchen counter*.
내 열쇠는 저기 부엌 카운터에 있는 신문 근처에 있어.

purse 지갑

restaurant menu
식당 메뉴판

front desk 안내 데스크

newspaper 신문

on the kitchen counter
부엌 카운터 위에

123

다음 빈칸에 들어갈 말을 써보세요.

1. They'll _____ _____ after getting settled in a new place.
   그들은 새로운 곳에 정착한 후에 일을 시작할 것이다.

2. _____ _____ _____ _____ the train schedule to go to Busan?
   부산으로 가는 기차 시간표를 어디서 찾을 수 있어요?

3. My keys _____ _____ _____ _____ the newspaper on the kitchen counter.
   내 열쇠는 저기 부엌 카운터에 있는 신문 근처에 있어.

다음 우리말과 같은 뜻이 되도록 주어진 단어를 바르게 배열해보세요.

1. 오리엔테이션 세미나가 끝나면 식사를 시작할 수 있다.

eating / can / the orientation seminar / begin / after

You _____

2. 커피숍을 어디서 찾을 수 있을까요?

a / find / shop / can / I / coffee

Where _____

3. 그들의 코트는 저기 프런트 데스크 근처에 있다.

over / there / near / coats / are / the front desk

Their _____

Scene 20

네이버 오늘의 영어 회화 바로가기

🎧 20.mp3

이번 여행이 정말 기대돼요.

B: I am looking forward to this trip.

Pattern 01 ········• prefer A or B?
A를 원하십니까, B를 원하십니까?

Pattern 02 ········• worth ~ing
~할 가치가 있는, ~할 만한

Pattern 03 ········• look forward to ~
~을 기대하다

한 승객이 비행기 표를 사고 있습니다. 승객은 발권 담당자에게 창가 쪽 자리를 원한다고 말합니다. 비행기에서 멋진 경치를 보고 싶어 하는 승객에게 발권 담당자는 상공에서 좋은 경치를 많이 보게 될 것이라고 말해줍니다.

A May I see your passport, please?

B Of course. Here you are.

A Would you *prefer* a window seat *or* an aisle seat?

B A window seat, please.
   But will there be any views *worth watching*?

A Yes, you'll see many great views as you fly up in the sky.

B Okay. I am *looking forward to* this trip.

A Have a wonderful flight.

A 여권 좀 볼 수 있을까요?

B 물론이죠, 여기요.

A 창가 쪽 자리를 원하세요, 통로 쪽 자리를 원하세요?

B 창가 쪽 자리로 부탁해요. 그런데 비행기에서 볼만한 경치가 있을까요?

A 네, 상공에서 비행할 때 좋은 경치를 많이 보게 될 거예요.

B 그렇군요. 이번 여행이 정말 기대돼요.

A 좋은 여행 되세요.

Pattern

01 prefer A or B?
A를 원하십니까, B를 원하십니까?

▶ **Do you prefer to** *go out* **or** *stay home*?
너는 나가는 걸 원하니 아니면 집에 있고 싶어?

go out 외출하다

stay home 집에 있다

for the meeting
미팅을 위해서

▶ **Do you prefer Monday or Tuesday** *for the meeting*?
회의 날짜로 월요일이 좋은가요 아니면 화요일이 좋은가요?

▶ **Would you prefer water or juice?**
물이나 주스, 어느 걸 원하세요?

02 worth ~ing
~할 가치가 있는, ~할 만한

▶ Are there any *tourist sites* **worth seeing** *on this trip*?

이번 여행에서 볼 만한 관광지가 있나요?

▶ Is there any *new food worth trying* at this restaurant?

이 레스토랑에서 먹어볼 만한 새로운 음식이 있나요?

▶ Are there any *leaders* **worth following in** your team?

당신 팀에 따를 만한 지도자가 있나요?

tourist sites 관광지

on this trip 이 여행에서

new food worth trying
먹어볼 만한 가치가 있는

leader 지도자

03 look forward to ~
~을 기대하다

▶ I'm looking forward to your *reply*.

너의 대답을 손꼽아 기다리고 있어.

▶ She's looking forward to *completing* her '*bucket list*'.

그녀는 자신의 '버킷 리스트'를 완성하기를 기대하고 있다.

▶ We're looking forward to the next *opportunity* to be there.

우리는 거기에 가 볼 다음 기회를 학수고대하고 있다.

reply 답장

complete
끝내다, 완성하다

bucket list 버킷 리스트

opportunity 기회

다음 빈칸에 들어갈 말을 써보세요.

1. Do you _____ Monday _____ Tuesday for the meeting?
   회의 날짜로 월요일이 좋은가요 아니면 화요일이 좋은가요?

2. Is there any new food _____ _____ at this restaurant?
   이 레스토랑에서 먹어볼 만한 새로운 음식이 있나요?

3. We're _____ _____ _____ the next opportunity to be there.
   우리는 거기에 가 볼 다음 기회를 학수고대하고 있다.

다음 우리말과 같은 뜻이 되도록 주어진 단어를 바르게 배열해보세요.

1. 물이나 주스, 어느 걸 원하세요?

or / juice / water / prefer / you

   Would _____

2. 당신 팀에 따를 만한 지도자가 있나요?

in / your team / there / any leaders / following / worth

   Are _____

3. 너의 대답을 손꼽아 기다리고 있어.

to / reply / forward / looking / your

   I'm _____

Scene 21

네이버 오늘의 영어 회화 바로가기

🎧 21.mp3

그가 직접 분해한 다음 다시 조립하던데.

B: **He took it apart and put it back together.**

Pattern 01 •········• take ~ apart
~을 분해하다

Pattern 02 •········• put ~ back / put back ~
~을 되돌려 놓다 / 원상 복구하다

Pattern 03 •········• as well
또한, 역시

두 친구가 헨리의 시계 고치는 능력에 대해 이야기하고 있습니다. 한 친구는 헨리의 솜씨를 본 사람들이 모두 그에게 시계 수리를 맡기고 있다고 말합니다. 다른 친구는 헨리가 지닌 대단한 능력에 감탄합니다.

A Have you seen Henry fixing a watch?

B Yes, he *took* it *apart* and *put* it *back* together.

A Everyone who saw it is asking him to fix their watches now!

B I wonder if he could repair others' watches *as well*.

A Well, it's the same watch, so wouldn't it be possible for him?

B Wow, if that's possible, he can change his job and start a new life!

A Yes, he said it's just a hobby for him, though.

B I see. But he has exceptional ability, what a shame!

A 너 헨리가 시계 고치는 거 본 적 있어?

B 응, 그가 직접 분해한 다음 다시 조립하던데.

A 그걸 보고 모두들 지금 자신의 시계를 고쳐달라고 하고 있어.

B 그가 다른 애들의 시계도 고칠 수 있을까?

A 글쎄, 같은 시계니까, 그러면 가능하지 않을까?

B 와, 그게 가능하다면 직업을 바꾸고 새로운 인생을 시작해도 되겠는데!

A 맞아, 그런데 그는 단지 취미라고 했어.

B 그렇구나. 정말 대단한 능력을 가졌는데, 아쉽군!

Pattern

01
take ~ apart
~을 분해하다

▶ I'll *have to* take my phone apart to see what's inside there.

나는 휴대폰을 분해해서 그 안에 무엇이 있는지 확인해야 돼.

▶ Since my phone *fell* in the water, I took all my phone apart and *let it dry* in the sun.

내 휴대폰이 물에 빠졌기 때문에, 나는 휴대폰을 모두 분리해서 햇볕에 말리게 했다.

▶ John had to take the machine apart and see *what has been broken inside*.

존은 기계를 분해해서 내부에 무엇이 고장 났는지 확인해야 했다.

have to~
~를(을) 해야 한다

fell
fall의 과거형으로 "떨어지다"

let it dry 말리다

what has been broken inside
내부에 부서진 것

Pattern

02
put ~ back / put back ~
~을 되돌려 놓다 / 원상 복구하다

▶ It took me one hour to put a *disassembled* parts back to *where it was*.

나는 분해한 부품을 원상 복구시키기까지 1시간이 걸렸어.

▶ Can you put the toys back to where it was?

이 장난감들을 제자리로 가져다 놓을 수 있겠니?

▶ I *can't find* my clothes *even though* I put them back *on the right spot*.

내 옷들을 제자리에 놓는데도 불구하고 찾지 못하겠어.

disassemble 해체하다

where it was
  원래 있었던 곳으로

can't find ~
  ~를(을) 찾을 수 없다

even though
  비록 일지라도

on the right spot
  제자리에

Pattern

03
as well
또한, 역시

▶ Can you *put some sugar* in the cake as well?

케이크에 설탕도 넣어 줄래?

▶ *Are* they *going to* the party as well?

그들도 파티에 가는 거야?

▶ We *need to vacuum* our house as well for cleaning.

우리는 집 청소를 위해 청소기 또한 돌려야 돼.

put some sugar
약간의 설탕을 넣다

be going to~
~할 것이다, ~하게 될 것
이다

need to
~를(을) 할 필요가 있다

vacuum
진공청소기로 청소하다

다음 빈칸에 들어갈 말을 써보세요.

1. I'll have to _____ my phone _____ to see what's inside there.

   나는 휴대폰을 분해해서 그 안에 무엇이 있는지 확인해야 돼.

2. It took me one hour to _____ a disassembled parts back to where it was.

   나는 분해한 부품을 원상 복구시키기까지 1시간이 걸렸어.

3. Can you put some sugar in the cake _____ _____ ?

   케이크에 설탕도 넣어 줄래?

다음 우리말과 같은 뜻이 되도록 주어진 단어를 바르게 배열해보세요.

1. 존은 기계를 분해해서 내부에 무엇이 고장 났는지 확인해야 했다.

   inside / the machine / apart and see / had to take / what has / been broken

   John _____

2. 내 옷들을 제자리에 놓는데도 불구하고 찾지 못하겠어.

   the right spot / can't / I / even though / find / my clothes / put them / back on

   I _____

3. 우리는 집 청소를 위해 청소기 또한 돌려야 돼.

   our house / as well / to vacuum / need / for cleaning

   We _____

Scene 22

네이버 오늘의 영어 회화 바로가기

🎧 22.mp3

그래, 재미있겠다.

B: Sure, that would be fun.

Pattern 01 ········· • commutetoand fromwork(school)
통근(통학)하다.

Pattern 02 ········· • isn't it ~?
~이지(하지) 않니?

Pattern 03 ········· • would be fun
재미있을 것이다

두 친구가 출퇴근에 대해 이야기를 나눕니다. 한 친구는 대중교통이 아닌 오토바이를 타고 출근합니다. 다른 친구는 오토바이의 위험성을 염려합니다. 그러자 그 친구는 항상 조심하고 있으며 날씨가 좋지 않을 땐 더욱 조심한다고 대답합니다.

A Do you have a car?

B No, I don't.

A Then do you *commute to and from work* by public transportation?

B No, I commute by my motorcycle.

A *Isn't it* dangerous?

B I'll always have to be careful, especially in bad weather.

A Oh, I see. I heard that the weather will be good this weekend. How about going for a drive with your motorcycle?

B Sure, that *would be fun*.

A 너 차 있어?

B 아니 나 차는 없어.

A 그럼 대중교통으로 출퇴근하니?

B 아니, 나는 오토바이로 출퇴근해.

A 오토바이는 위험하지 않니?

B 항상 조심해야 해, 특히 날씨가 안 좋을 땐.

A 아, 그렇구나. 이번 주말에 날씨 좋다고 들었어. 네 오토바이로 드라이브 가는 거 어때?

B 그래, 재미있겠다.

Pattern

01 commute to and from work(school)
통근(통학)하다.

▶ I commute to and from school *by subway*.

나는 통학할 때 지하철을 이용해.

▶ I read *novels while* I commute to and from work.

나는 통근하면서(할 때) 소설(책)을 읽어.

▶ It is *annoying* to commute to and from work *in rush hour*.

출퇴근 시간에 통근하는 건 짜증 나는 일이야.

by subway 지하철로

novel 소설

while ~하는 동안

annoying 짜증이 나는

in rush hour
  혼잡한 시간대에

Pattern

02 isn't it ~?
~이지(하지) 않니?

▶ Isn't it hot today?

오늘 날씨 덥지 않니?

▶ Isn't it *good to have* a brother like Pete?

피트 같은 동생이 있어서 좋지 않니?

▶ Isn't it *frustrating* that we have to *stay in* this building on such *nice weather*?

이렇게 좋은 날씨에 이 건물 안에 있어야 한다는 게 답답하지 않니?

good to have~
~가 있어서 좋다

frustrating
답답한, 짜증이 나는

stay in~
~(안)에 있다, 나가지 않다

nice weather 좋은 날씨

Pattern

03
would be fun
재미있을 것이다

▶ It would be really fun if we *watch a movie* together *this weekend*.

우리가 이번 주말에 함께 영화를 보면 아주 재미있을 거야.

▶ To learn scuba diving and *explore* the ocean would be fun.

스쿠버 다이빙을 배워 바닷속을 탐험한다면 재미있을 거야.

▶ It would be really fun if we *travel to* Europe during this *summer vacation*.

우리가 이번 여름 방학 동안에 유럽에 여행 간다면 아주 재미있을 거야.

watch a movie
영화를 보다

this weekend 이번 주말

explore 탐험하다

travel to~
~로 (여행을) 떠나다

summer vacation
여름 방학

141

다음 빈칸에 들어갈 말을 써보세요.

1. I read novels while I _____ _____ _____ _____ work.
   나는 통근하면서(할 때) 소설(책)을 읽어.

2. _____ _____ good to have a brother like Pete?
   피트 같은 동생이 있어서 좋지 않니?

3. To learn scuba diving and explore the ocean _____ _____
   _____ .
   스쿠버 다이빙을 배워 바닷속을 탐험한다면 재미있을 거야.

다음 우리말과 같은 뜻이 되도록 주어진 단어를 바르게 배열해보세요.

1. 나는 통학할 때 지하철을 이용해.

subway / and / by / to / from / school / commute

I _____

2. 오늘 날씨 덥지 않니?

today / hot / it

Isn't _____

3. 우리가 이번 주말에 함께 영화를 보면 아주 재미있을 거야.

a movie / if / this weekend / really / watch / would be / fun / we / together

It _____

Scene 23

네이버 오늘의 영어 회화 바로가기

 23.mp3

그럼 그녀는 노래만큼 연기도 잘하려나?

A: Then would her acting be as good as her singing?

Pattern 01 ....• as good as ~
~만큼 좋은

Pattern 02 ....• have seen ~ before
~을 본 적이 있다

Pattern 03 ....• would like to ~
~ 하고 싶다, ~ 하는 것을 바라다

두 친구가 노래를 잘 부르는 사촌에 관해 대화를 나누고 있습니다. 그 사촌은 뉴욕에서 오페라 공연을 하고 있습니다. 사촌의 오페라에 초대받은 친구는 그녀의 공연을 함께 보러 가자며 초대합니다.

A   How's your cousin Alice doing? I remember she sang so well.

B   She's doing fine. She recently has been to New York to sing opera.

A   Wow! Then would her acting be as good as her singing?

B   I've seenher performbefore, and she acted well like she's good at singing.

A   Wow! I really would like to see her perform.

B   I have an invitation to the opera. Care to join me?

A   Sure! I'm so excited to see her sing and act!

A   네 사촌 앨리스 어떻게 지내고 있어? 내 기억에 노래를 엄청 잘했는데.

B   잘 지내고 있어. 그녀는 최근에 오페라 공연하러 뉴욕에 갔었어.

A   우와! 그럼 노래만큼 연기도 잘하려나?

B   내가 전에 그녀의 공연을 본 적 있는데, 노래만큼 연기도 정말 잘하더라.

A   우와! 나도 그녀의 공연을 꼭 보고 싶어.

B   나에게 오페라 초대권이 있어. 함께 갈래?

A   물론이지! 그녀의 노래와 연기를 볼 수 있다니 너무 기대된다!

Pattern

01 as good as ~
~만큼 좋은

▶ **Our car is as good as other cars, right?**

우리 차는 다른 차들처럼 좋아, 안 그래?

▶ **This bed** *isn't as good as* **the one at home.**

이 침대는 우리 집에 있는 침대만큼 좋지 않아.

▶ **My** *Stamina* **is not as good as it was** *in the past*.

내 체력이 예전만큼 좋지 않다.

isn't as good as~
~만큼 좋지 않다

stamina 체력

in the past 옛날, 과거에

Pattern

02 have seen ~ before
~을 본 적이 있다

▶ That *naval ship* has seen war before.
저 해군 함선은 전에 전쟁에 참전한 적이 있다.

▶ We have seen *chimpanzees* on *wild* safari before.
우리는 야생 사파리에서 침팬지를 본 적이 있다.

▶ I have *actually* seen *meteors* before.
나는 유성을 실제로 본 적이 있다.

naval ship 해군 함선

chimpanzee 침팬지

wild 야생

actually 실제로, 진짜로

meteor 유성

Pattern

03 would like to ~
~ 하고 싶다, ~ 하는 것을 바라다

▶ Would you like to *go out* and see a movie *tonight*?

오늘 밤에 나와 함께 나가서 영화를 보지 않을래?

▶ Would they like to *go to the opera* today?

그들은 오늘 오페라 공연에 가고 싶어 할까?

▶ Would you like to *try something new* today for lunch?

오늘 점심으로 새로운 걸 먹어보는 게 어때?

go out
(모임 등에) 나가다,
외출하다

tonight 오늘밤

go to the opera
오페라 공연에 가다

try something new
새로운 것을 시도하다

다음 빈칸에 들어갈 말을 써보세요.

1. My Stamina is not _____ _____ _____ it was in the past.
   내 체력이 예전만큼 좋지 않다.

2. We _____ _____ chimpanzees on wild safari _____ .
   우리는 야생 사파리에서 침팬지를 본 적이 있다.

3. _____ you _____ _____ try something new today for lunch?
   오늘 점심으로 새로운 걸 먹어보는 게 어때?

다음 우리말과 같은 뜻이 되도록 주어진 단어를 바르게 배열해보세요.

1. 우리 차는 다른 차들처럼 좋아, 안 그래?

   right / is / other cars / car / as good as

   Our _____

2. 나는 유성을 실제로 본 적이 있다.

   before / seen / actually / have / meteors

   I _____

3. 그들은 오늘 오페라 공연에 가고 싶어 할까?

   the / like / they / go to / today / to / opera

   Would _____

Scene 24

네이버 오늘의 영어 회화 바로가기

 24.mp3

저 발레에 매료됐어요.

A: I have been fascinated by ballet.

Pattern 01 •••••••••• • be fascinated by
매료되다/마음을 사로잡히다

Pattern 02 •••••••••• • will have to ~
~해야 한다

Pattern 03 •••••••••• • neglect to do (something)
(무언가를) ~하기를 소홀히 하다/방치하다

아버지와 딸이 장래희망에 관해 대화를 나누고 있습니다. 그녀는 이제 발레리나가 되기로 마음을 바꿨으며, 연습을 소홀히 하지 않겠다고 약속합니다. 아버지와 딸은 주말에 함께 발레 공연을 보러 가기로 합니다.

A Dad, I have *been fascinated by* ballet. I want to be a ballerina when I grow up.

B Really? I thought you wanted to be a lawyer in the future?

A This time, it's real.

B Okay, then you*'ll have to* learn how to dance ballet.

A Yeah! That's what I wanted to say, dad!

B Now that you've decided, you'll have to keep on going without changing your mind.

A Yes, I will never *neglect to* practice ballet. There's a ballet performance this weekend. Let's go watch it together!

B Sure, that's a good idea.

A 아빠, 저 발레에 매료됐어요. 커서 발레리나가 되고 싶어요.

B 정말? 미래에 변호사가 되고 싶어 하는 줄 알았는데.

A 이번엔 진짜예요.

B 그렇구나. 그러면 발레를 배워야겠네.

A 맞아요! 그게 제가 하고 싶었던 말이에요. 아빠.

B 이제는 결정을 했으니 마음을 바꾸지 말고 계속해야 해.

A 그럼요, 발레 연습을 절대 소홀히 하지 않을게요.

   이번 주말에 발레단 공연이 있어요. 같이 보러 가요!

B 물론이지, 좋은 생각이다.

Pattern

01 be fascinated by
매료되다/마음을 사로잡히다

▶ I was fascinated by *the finale of the show*.

난 그 쇼의 피날레에 매료되었다.

▶ He was fascinated by their offer and *couldn't think reasonably*.

그는 그들의 제안에 마음을 사로잡혀서 합리적으로 생각할 수 없었다.

▶ Sarah *has always been* fascinated by cats.

사라는 언제나 고양이들에게 마음을 사로잡혀왔다.

the finale of the show
무대의 정점

couldn't think~
~이게(하게) 생각 할 수 없다

reasonably 합리적으로

has always been
언제나, 항상 그래왔다

Pattern

02 will have to ~
~해야 한다

▶ We will have to study more *diligently in order to* graduate on time.

우리는 제때 졸업하기 위해 더 열심히 공부해야 한다.

▶ They will have to *prepare* better for their future.

그들은 그들의 미래를 더 잘 준비해야 한다.

▶ He will have to *bring someone to the prom* this time.

그는 이번 졸업 무도회에 누군가를 데려와야 한다.

diligently 열심히

in order to ~하기 위해

prepare 준비하다

bring someone to the prom
무도회에 누군가를 데려오다

Pattern

03 neglect to do (something)
(무언가를) ~하기를 소홀히 하다/방치하다

▶ **Joan neglected to do her job at work and** *got fired*.

조안은 직장에서 그녀의 일을 방치해서 해고되었다.

get fired 해고되다

neglect 무시하다

take care of
  ~를(을) 돌보다

housework 집안일

make a mess
  엉망으로 만들다

▶ **He would never** *neglect* **to** *take care of* **his child.**

그는 자식을 돌보는 일을 절대 소홀히 하지 않을 것이다.

▶ **I neglected to do** *housework* **and** *made a mess*.

나는 집안일 하기를 소홀히 했고 엉망을/엉망진창으로 만들었다.

다음 빈칸에 들어갈 말을 써보세요.

1. He _____ _____ _____ their offer and couldn't think reasonably.
   그는 그들의 제안에 마음을 사로잡혀서 합리적으로 생각할 수 없었다.

2. We _____ _____ _____ study more diligently in order to graduate on time.
   우리는 제때 졸업하기 위해 더 열심히 공부해야 한다.

3. Joan _____ _____ _____ her job at work and got fired.
   조안은 직장에서 그녀의 일을 방치해서 해고되었다.

다음 우리말과 같은 뜻이 되도록 주어진 단어를 바르게 배열해보세요.

1. 난 그 쇼의 피날레에 매료되었다.

the finale / fascinated / the show / was / by / of

I _____

2. 그들은 그들의 미래를 더 잘 준비해야 한다.

for / future / to prepare / have / will / better / their

They _____

3. 그는 자식을 돌보는 일을 절대 소홀히 하지 않을 것이다.

care of / to take / his child / never / would / neglect

He _____

Scene 25

네이버 오늘의 영어 회화 바로가기

 25.mp3

그녀는 거기에 너무 빠져 있어. 🔍

B: She's so into it.

Pattern 01 ....• couldn't be better
이보다 좋을 순 없다, 최고이다.

Pattern 02 ....• be so into ~
~에 푹 빠져 있다

Pattern 03 ....• will be better if ~
만약 ~한다면 더 좋을 것이다

두 친구가 결혼 생활에 관해 대화를 나누고 있습니다. 친구는 아내가 아마추어 천문학자 이지만, 그녀가 취미 때문에 그와 많은 시간을 보내지 않아 서운하다고 말합니다. 그러 자 다른 친구는 그에게 아내를 따라 천문학에 관심을 가져 보라고 조언합니다.

A David, how's your life after marriage?

B Oh, it *couldn't be better* except for my wife's hobby.

A What does she do for fun?

B She's an amateur astronomer.

A That's cool!

B I know, but she*'s so into* it.

A What's wrong with that?

B She spends much less time with me than before, so I'm a little sad.

A It *will be better if* you get interested in astronomy to spend time with her.

A 데이비드, 결혼 이후 생활은 어떠니?

B 오, 내 아내의 취미만 빼면 이보다 더 좋을 순 없어.

A 그녀의 취미가 뭔데?

B 그녀는 아마추어 천문학자야.

A 멋진데!

B 멋지지. 하지만 그녀는 거기에 너무 빠져 있어.

A 그게 뭐가 문제인데?

B 나와 보내는 시간이 너무 적어져서 서운해.

A 그녀랑 시간을 보내기 위해서 네가 천문학에 관심을 가져 보는 게 더 나을 것 같은데.

Pattern

01 couldn't be better
이보다 좋을 순 없다, 최고이다.

▶ With the *improvement* in the *economy*, it couldn't be better.

경기가 좋아지니 이보다 더 좋을 순 없다.

improvement
개선, 향상
economy 경기, 경제
latest 최근의, 최신의
live with ~와 살다

▶ His *latest* scores couldn't be better.

그의 최근 성적은 이보다 더 좋을 순 없다.

▶ I'm *living with* two lovely dogs now, so my life couldn't be better.

지금 사랑스러운 두 마리 강아지들과 함께 살고 있으니 내 삶은 이보다 더 좋을 순 없다.

Pattern

02

be so into ~
~에 푹 빠져 있다

▶ I'm so into the new idol group that just *debuted*.

난 요새 새로 데뷔한 아이돌 그룹에 푹 빠져 있어.

▶ He is so into his girlfriend *recently* and is not taking care of his friends.

그는 요새 여자친구에 푹 빠져서 그의 친구들에게 신경을 쓰지 못하고 있다.

▶ She is so into her *new career* that her family never *hears from* her.

그녀는 새로운 직업에 푹 빠져 있어서 그녀의 가족들은 그녀에게서 한 번도 소식을 듣지 못한다.

debut
  데뷔하다, 첫 출현하다
recently 최근에
new career 새로운 직장
hear from ~ 로부터 듣다

Pattern

03

will be better if ~
만약 ~한다면 더 좋을 것이다

▶ The pie *recipe* will be better if you *include* real cherries.

진짜 체리를 넣는다면 파이 요리법이 더 좋아질 것이다.

recipe 요리법

include 포함하다

more jobs are created
   더욱 많은 직업들이 창출
   되다

performance 성능

powerful 강력한

▶ The economy will be better if *more jobs are created*.

일자리가 더 많이 생기면 경제가 더 좋아질 것이다.

▶ The car's *performance* will be better if there is a more *powerful* engine.

더 강력한 엔진이 있다면 차의 성능이 더 좋아질 것이다.

다음 빈칸에 들어갈 말을 써보세요.

1. I'm living with two lovely dogs now, so my life _____ _____
    _____ .

    지금 사랑스러운 두 마리 강아지들과 함께 살고 있으니 내 삶은 이보다 더 좋을 순 없다.

2. He _____ _____ _____ his girlfriend recently and is not
    taking care of his friends.

    그는 요새 여자친구에 푹 빠져서 그의 친구들에게 신경을 쓰지 못하고 있다.

3. The car's performance _____ _____ _____ _____
    there is a more powerful engine.

    더 강력한 엔진이 있다면 차의 성능이 더 좋아질 것이다.

다음 우리말과 같은 뜻이 되도록 주어진 단어를 바르게 배열해보세요.

1. 그의 최근 성적은 이보다 더 좋을 순 없다.

    > latest / better / couldn't / scores / be

    His _____

2. 난 요새 새로 데뷔한 아이돌 그룹에 푹 빠져 있어.

    > debuted / idol / the new / so into / that / group / just

    I'm _____

3. 일자리가 더 많이 생기면 경제가 더 좋아질 것이다.

    > better / created / more / will be / jobs / economy / are / if

    The _____

Scene 26

네이버 오늘의 영어 회화 바로가기

 26.mp3

그는 나무로 가구 만드는 일을 좋아해.

A: He likes to make furniture out of wood.

Pattern 01 ·········• like to ~
~하는 걸 좋아하다

Pattern 02 ·········• use ~ for …
…을 ~을 위해 사용하다

Pattern 03 ·········• ask ~ to …
~에게 …해 달라고 부탁하다

한 사람이 목수인 그의 형제에 관해 이야기합니다. 그는 특히 형이 만든 1인용 낚시 요트가 인상적이었다고 말합니다. 다른 친구가 부러워하자 그는 자신의 형에게 요트 제작을 부탁해볼 것을 권합니다.

A My brother is a carpenter. He *likes to* make furniture out of wood.

B Really? That's impressive to make furniture on his own. What did he make?

A Various stuff, but among them, a yacht made of wood for one person was the most impressive.

B What does he *use* it *for*?

A Well, he likes to fish, so he uses it for fishing.

B I like fishing as well! It sounds like a lot of fun.

A If you want, you can *ask* him *to* make you one.

A 내 형은 목수야. 그는 나무로 가구 만드는 일을 좋아해.

B 정말? 직접 가구를 만들다니 대단하다. 어떤 걸 만들었어?

A 다양한데, 그중에서 나무로 만든 1인용 요트가 가장 인상적이었어.

B 그는 그것을 어디에 사용하지?

A 음, 그는 낚시하는 걸 좋아해서 낚시할 때 써.

B 나도 낚시 좋아하는데! 정말 재미있겠다.

A 원한다면 우리 형에게 하나 만들어 달라고 부탁해 봐.

Pattern

01
like to ~
~하는 걸 좋아하다

▶ He likes to do *weight training* and exercise.

그는 웨이트 트레이닝과 운동하는 것을 좋아한다.

▶ I like to swim or *go bowling* in my free time.

나는 한가할 때 수영하거나 볼링 치는 걸 좋아한다.

▶ She like to sing and dance *whenever* she *has a chance*.

그녀는 기회가 있을 때마다 노래하고 춤추는 걸 좋아한다.

weight training
근력 훈련/운동

go bowling
볼링을 치러 가다

free time 한가한 시간/때

whenever ~has a chance
~이(가) 기회가 있을 때마다

Pattern

02
use ~ for …

…을 ~을 위해 사용하다

▶ I like to use my debit card for *online purchases*.

나는 온라인 구매에 직불카드를 사용하는 것을 좋아한다.

▶ They use an oil heater for *keeping* the house *warm*.

그들은 집의 보온을 위해 기름 난로를 사용한다.

▶ She used a simple *survey* for the *counseling*.

그녀는 상담을 위해 간단한 설문지를 사용했다.

online purchases
유선상의/온라인 구매

keeping ~warm
~를(을) 따뜻하게
유지하다

survey 설문(지)

counseling 상담

164

Pattern

03

ask ~ to ⋯

~에게 ⋯해 달라고 부탁하다

▶ *Why don't you* ask him to *find* your key?

그에게 네 열쇠를 찾아 달라고 부탁하지 그래?

▶ Let's ask Maya to help us *fix* this computer.

마야에게 컴퓨터 고치는 거 도와달라고 부탁하자.

▶ I should ask the police to find my stolen *purse*.

경찰(서)에 도둑맞은 지갑을 찾아달라고 요청해야겠어.

why don't you
~하는게 어때?

find 찾다

fix 고치다

stolen 도둑 맞은

purse 지갑

다음 빈칸에 들어갈 말을 써보세요.

1. She ＿＿＿＿＿＿ ＿＿＿＿＿＿ sing and dance whenever she has a chance.

   그녀는 기회가 있을 때마다 노래하고 춤추는 걸 좋아한다.

2. They ＿＿＿＿＿＿ an oil heater ＿＿＿＿＿＿ keeping the house warm.

   그들은 집의 보온을 위해 기름 난로를 사용한다.

3. I should ＿＿＿＿＿＿ the police ＿＿＿＿＿＿ find my stolen purse.

   경찰(서)에 도둑맞은 지갑을 찾아달라고 요청해야겠어.

다음 우리말과 같은 뜻이 되도록 주어진 단어를 바르게 배열해보세요.

1. 그는 웨이트 트레이닝과 운동하는 것을 좋아한다.

   exercise / and / likes / weight / to do / training

   He ＿＿＿＿＿＿＿＿＿＿＿＿＿＿＿＿＿＿＿＿＿＿＿＿

2. 그녀는 상담을 위해 간단한 설문지를 사용했다.

   the counseling / used / survey / a simple / for

   She ＿＿＿＿＿＿＿＿＿＿＿＿＿＿＿＿＿＿＿＿＿＿＿

3. 그에게 네 열쇠를 찾아 달라고 부탁하지 그래?

   to find / you / your / ask / him / key / don't

   Why ＿＿＿＿＿＿＿＿＿＿＿＿＿＿＿＿＿＿＿＿＿＿＿

Scene 27

네이버 오늘의 영어 회화 바로가기

🎧 27.mp3

레스토랑 개업을 준비 중이에요. 🔍

B: I'm preparing to open a restaurant.

Pattern 01	•·····	quit work
		회사(일)를 그만두다, 퇴사하다

Pattern 02	•·····	intend to ~
		~할 계획(작정)이다

Pattern 03	•·····	be preparing to ~
		~하는 것을 준비 중이다

🔍 **오늘의 대화문입니다. 원어민의 대화를 잘 들어보세요.**

두 사람이 근황을 이야기합니다. 한 사람은 전기기술자 일을 해왔지만 최근에 그만두었고, 레스토랑 개업을 준비하고 있습니다. 그는 전기보다 요리가 더 좋나고 말합니다.

A How are you doing lately?

B Good. Actually, I've *quit* my *work* lately to start a new job.

A I see. What did you do before?

B I was an electrician.

A So, what do you *intend to* do as your new career?

B Yes. I'*m preparing to* open a restaurant.

A Wow, you have a really uniquebackground.

B I think I prefer cooking to electricity.

A 최근 어떻게 지내시나요?

B 잘 지내요. 사실, 새로운 일을 시작하려고 최근에 퇴사했어요.

A 그렇군요. 전에는 무슨 일을 하셨어요?

B 전기 기술자였습니다.

A 그렇다면, 새로운 직업으로 뭘 하실 계획인가요?

B 네. 레스토랑 개업을 준비 중이에요.

A 와, 이력이 정말 이색적이네요.

B 전 전기보다는 요리가 더 좋은 것 같네요.

168

Pattern

01 quit work
회사(일)를 그만두다, 퇴사하다

▶ *Every time* I quit work, it's like having a *refreshing* vacation.

매번 일을 그만둘 때마다 상쾌한 휴가를 얻는 것 같다.

▶ Don't quit work until you've *found another job*.

다른 직장을 구할 때까지 일을 그만두지 마.

▶ If you quit work now, you may not *find other jobs available*.

네가 지금 일을 그만둔다면 다른 직장을 구할 수 없을지도 몰라.

every time
~를(을) 할 때마다

refreshing
원기를 북돋는, 상쾌한

find another job
다른 직장을 구하다

available 구할 수 있는

Pattern

02 intend to ~
~할 계획(작정)이다

▶ I intend to *get a job* so I can *pay* all my bills.

나는 청구서를 전부 지불하기 위해 취직할 계획이다.

▶ She intends to *start working at* a new company next week.

그녀는 다음 주에 새로운 회사에서 일을 시작할 계획이다.

▶ They're intend to *give up* on their latest project on account of the budget.

그들은 예산 때문에 최신 프로젝트를 포기할 작정이다.

get a job 직장을 구하다

pay bills
청구서를 지불하다

start working at~
~에서 일하기 시작하다

give up 포기하다

Pattern

03
be preparing to ~

~하는 것을 준비 중이다

▶ She's preparing to go to law school
next fall.

그녀는 내년 가을에 로스쿨을 들어가기 위해 준비 중이다.

▶ They're preparing to do another year
of research.

그들은 일 년 더 연구할 준비를 하고 있다.

▶ We're preparing to *give a presentation*
on *global warming this weekend*.

우리는 이번 주에 지구온난화에 대해 발표하려고 준비 중
이다.

next fall 다음/내년 가을

give a presentation
보고하다

global warming
지구 온난화

this weekend 이번 주

다음 빈칸에 들어갈 말을 써보세요.

1. If you _____ _____ now, you may not find other jobs available.

   네가 지금 일을 그만둔다면 다른 직장을 구할 수 없을지도 몰라.

2. They _____ _____ _____ give up on their latest project on account of the budget.

   그들은 예산 때문에 최신 프로젝트를 포기할 작정이다.

3. We _____ _____ _____ give a presentation on global warming this weekend.

   우리는 이번 주에 지구온난화에 대해 발표하려고 준비 중이다.

다음 우리말과 같은 뜻이 되도록 주어진 단어를 바르게 배열해보세요.

1. 다른 직장을 구할 때까지 일을 그만두지 마.

   | until / job / quit / work / another / you've / found |

   Don't _____

2. 나는 청구서를 전부 지불하기 위해 취직할 계획이다.

   | pay / a job / my bills / I can / intend / to get / all / so |

   I _____

3. 그녀는 내년 가을에 로스쿨을 들어가기 위해 준비 중이다.

   | to go / to law school / preparing / fall / next |

   She's _____

Scene 28

네이버 오늘의 영어 회화 바로가기

 28.mp3

새로운 일을 찾고 있는 중이야.

B: I'm trying to find a new job.

Pattern 01 ....• be trying to ~
~하려고 애쓰다, 노력하다

Pattern 02 ....• haven't given up
포기하지 않다

Pattern 03 ....• be kind of discouraging
좀 실망스럽다, 낙담하다

두 친구가 구직 활동에 관해 이야기하고 있습니다. 존은 더 높은 보수를 주는 직업을 찾고 있지만, 아직까지 연락을 받지 못 했다고 친구에게 말합니다. 친구는 손에게 낙담하시 말고 계속 시도하라고 격려합니다.

A Hi John. I haven't seen you this year. How are you doing?

B I'm doing fine. I'm trying to find a new job.

A Oh, why? How about your job now?

B I just want to move to a company that pays better.

A How about sending your resume to companies online?

B I've done a few, but they haven't contacted me back, yet.

A Well, keep trying.

B I haven't given up. But it's kind of discouraging.

A Come on, cheer up buddy.

A 존 안녕! 올해 처음 보는구나. 어떻게 지내?

B 나는 잘 지내. 새로운 일을 찾고 있는 중이야.

A 오, 왜? 지금 하고 있는 일은 어떤데?

B 돈을 좀 더 많이 주는 회사로 이직하고 싶은 거야.

A 온라인으로 네 이력서를 회사들에 보내 보는 건 어때?

B 몇 군데 보냈는데 아직 연락이 없었어.

A 그래도, 계속 시도해 봐.

B 포기는 하지 않았어. 그런데 좀 실망스러워.

A 이봐, 기운 내 친구야.

Pattern

01 be trying to ~
~하려고 애쓰다, 노력하다

▶ She's *always* **trying to do** *new things*.
그녀는 항상 새로운 일들을 하려고 애쓴다.

▶ We've **been trying to keep this job** *for over five years* now.
우리는 지금 5년 동안 이 일을 계속하려고 노력하고 있다.

▶ He's **been trying to be an opera singer** *since* he left high school.
그는 고등학교 졸업 이후부터 오페라 가수가 되려고 노력하고 있다.

always 항상

new things 새로운 일들

for over (n) years
   (n)년 넘게/동안

since ~부터

Pattern

02 haven't given up
포기하지 않다

▶ We haven't given up, but our country is *under an economic crisis*.

우리는 포기하지 않았지만 우리나라는 경제 위기에 처해 있다.

▶ She hasn't given up but the new job is *still very difficult* for her to do.

그녀는 포기하지 않았지만 새로운 일은 그녀에게 여전히 매우 어렵다.

▶ I haven't given up, but I *find it impossible* to *buy a house*.

나는 아직 포기하진 않았지만 집을 사는 것이 불가능하다고 생각한다.

under an economic crisis
경제 위기에 처해있는

still very difficult
여전히 매우 어렵다

find it impossible
불가능하다고 생각하다/
여기다

buy a house 집을 사다

Pattern

03 be kind of discouraging
좀 실망스럽다, 낙담하다

▶ My *situation* is sometimes kind of discouraging.

내 상황은 때론 낙담이 된다.

▶ We *tried our best*, but the results were kind of discouraging.

우리는 최선을 다했지만 결과는 실망스러운 편이었다.

▶ The *trade war* is kind of discouraging for *new investors*.

무역 전쟁은 새로운 투자자들에게 좀 실망스러운 일이다.

situation 상황

try someone's best
　최선을 다하다

trade war 무역 전쟁

new investors
　새로운 투자자들

다음 빈칸에 들어갈 말을 써보세요.

1. He _____ been _____ _____ be an opera singer since he left high school.

   그는 고등학교 졸업 이후부터 오페라 가수가 되려고 노력하고 있다.

2. She _____ _____ _____ but the new job is still very difficult for her to do.

   그녀는 포기하지 않았지만 새로운 일은 그녀에게 여전히 매우 어렵다.

3. We tried our best, but the results _____ _____ _____

   _____ .

   우리는 최선을 다했지만 결과는 실망스러운 편이었다.

다음 우리말과 같은 뜻이 되도록 주어진 단어를 바르게 배열해보세요.

1. 그녀는 항상 새로운 일들을 하려고 애쓴다.

do / always / trying / new / things / to

   She's _____

2. 나는 아직 포기하진 않았지만 집을 사는 것이 불가능하다고 생각한다.

impossible / to buy / it / haven't / I find / a house / given up / but

   I _____

3. 내 상황은 때론 낙담이 된다.

of / kind / discouraging / is / situation / sometimes

   My _____

Scene 29

네이버 오늘의 영어 회화 바로가기

 29.mp3

즉시 확인 부탁드릴게요.

A: I request you to check immediately, please.

Pattern 01 ...... • be not certain ~
~이 확실하지 않다, 확신할 수 없다

Pattern 02 ...... • In charge of ~
~을 담당하고 있는, 책임을 맡고 있는

Pattern 03 ...... • request ~ to …
~에게 ~하라고 요청하다, 부탁하다

한 사람이 주문한 물품의 배송 여부를 묻고 있습니다. 응대자는 배송 담당자인 신디가 외부 미팅 중이라 당장 확인하기는 어렵다고 설명합니다. 주문자는 가능한 한 빨리 확인 해줄 것을 재차 요청합니다.

A Has the order been delivered?

B Well, I *am not certain* that it is delivered.

A How soon will you know?

B I'll check with Cindy, who is *in charge of* shipping.

A Yes. Please check as soon as possible.

B But I can't contact Cindy now because she is having a meeting outside.
   I'll contact her after about an hour when the meeting ends.

A I got it. I *request* you *to* check immediately, please. This item is much-needed.

B Okay, I will.

A 주문한 상품이 배달됐나요?

B 글쎄요, 배송이 되었는지 잘 모르겠습니다.

A 언제쯤 알 수 있을까요?

B 배송을 담당하는 신디에게 확인해볼게요.

A 네. 가능한 한 빨리 확인해 주세요.

B 그런데 신디는 외부 미팅 중이라서 지금 연락이 안 됩니다.
   회의가 끝나는 한 시간쯤 후에 연락해 볼게요.

A 네. 즉시 확인 부탁드릴게요. 꼭 필요한 물건이에요.

B 알겠어요, 그렇게 할게요.

Pattern

01 be not certain ~
~이 확실하지 않다, 확신할 수 없다

▶ They're not certain if they have *received the ordered item* yet.

그들은 주문한 상품을 수령했는지 확신하지 못한다.

▶ He *failed in a row* and is not certain when he could *graduate*.

그는 연거푸 낙제를 해서 자기가 언제 졸업할 수 있을지 알지 못한다.

▶ I'm not certain if my parents would *allow me to* live alone with my friend.

내가 친구랑 혼자 사는 걸 부모님이 허락하실지 확신할 수 없다.

receive the ordered item
주문한 상품을 수령하다/ 받다

fail in a row
연달아 실패/낙제하다

graduate 졸업하다

allow me to~
나에게 ~하여금 허락하다

Pattern

02 In charge of ~
~을 담당하고 있는, 책임을 맡고 있는

▶ She is in charge of the *financial records* for the whole company.

그녀는 회사 전체의 재무 기록을 담당하고 있다.

▶ He is in charge of the *academics* for the entire school.

그는 학교 전체의 학문을 담당하고 있다.

▶ They are in charge of *scheduling the courses each semester*.

그들은 매 학기 강좌의 일정을 만드는 일의 책임을 맡고 있다.

financial record
재무 기록

academic 학문

schedule the courses
강과의 일정을 만들다

each semester
매/각 학기

Pattern

03 request ~ to …
~에게 ~하라고 요청하다, 부탁하다

▶ I'd like to request someone to *check* under my hood and also my tires.

누군가에게 내 자동차 후드 아래와 바퀴도 점검해 달라고 요청하고 싶다.

▶ Could you request Brian to *trace* my *part order* and *see when* I'll *get it*?

브라이언에게 제 부품 주문을 추적해서 언제 받을 수 있을지 알아봐 달라고 부탁해 주실래요?

▶ Did you request them to give you a tracking number when you *ordered*?

주문하실 때 추적 번호를 알려 달라고 그쪽에 요청했나요?

check~
~를(을) 점검하다

trace the part order
부품 주문을 추적하다

see when to get it
~를(을) 언제 받을 수 있는지 알아보다

order 주문하다

다음 빈칸에 들어갈 말을 써보세요.

1. I _____ _____ _____ if my parents would allow me to live alone with my friend.
   내가 친구랑 혼자 사는 걸 부모님이 허락하실지 확신할 수 없다.

2. She is _____ _____ _____ the financial records for the whole company.
   그녀는 회사 전체의 재무 기록을 담당하고 있다.

3. Did you _____ them _____ give you a tracking number when you ordered?
   주문하실 때 추적 번호를 알려 달라고 그쪽에 요청했나요?

다음 우리말과 같은 뜻이 되도록 주어진 단어를 바르게 배열해보세요.

1. 그는 학교 전체의 학문을 담당하고 있다.

   in charge / the entire school / is / the academics / of / for

   He _____

2. 그들은 주문한 상품을 수령했는지 확신하지 못한다.

   yet / the ordered / received / they / certain / have / if / item / not

   They're _____

3. 누군가에게 내 자동차 후드 아래와 바퀴도 점검해 달라고 요청하고 싶다.

   someone / like / under / my tires / to request / and / my hood / also / to check

   I'd _____

Scene 30

네이버 오늘의 영어 회화 바로가기

🎧 30.mp3

그가 이제부터라도 좋은 선택을 해서 더 나아지길 바라자.

A: Let's hope he'll make good choices from now on,
and things will get better.

Pattern 01 ....• It would be better if (someone)
had (not) (p.p.)
(...가) ~을 하는(하지 않는) 편이 더 나았다

Pattern 02 ....• Let's hope ~
~을 바라자

Pattern 03 ....• from now on
지금부터는

두 친구가 경제 활동에 관해 이야기를 나눕니다. 새로이 사업을 시작한 친구 카일의 소식도 공유하지만, 그의 사업 결과가 좋지 않은 것 같아 안타깝습니다. 두 친구는 카일이 앞으로는 더 좋은 선택을 하게 되기를 바랍니다.

A Dave, isn't it hard to find jobs these days?

B That's true, it is not easy to find a decent job.
   Have you heard about Kyle with his new business?

A Yes, but I feel that it *would be better if he'd not started* a business.

B It might have been much harder than expected to manage a business.

A I guess you can't always have good outcomes.

B Yes, life is often like that.

A *Let's hope* he'll make good choices *from now on*, and things will get better.

A 데이브, 요새 일자리 찾기 힘들지 않니?

B 맞아, 괜찮은 일자리를 찾는 게 쉽지 않네. 새 사업을 시작한 카일 소식은 들었니?

A 응, 그런데 그는 사업을 시작하지 않는 편이 나았을 것 같아.

B 사업을 운영하는 게 예상보다 훨씬 더 어려운가 보구나.

A 늘 좋은 결과만 있을 수 있는 건 아닌가 봐.

B 맞아, 인생이 가끔 그렇지 뭐.

A 그가 이제부터라도 좋은 선택을 해서 더 나아지길 바라자.

Pattern

01 It would be better if (someone) had (not) (p.p.)
(...가) ~을 하는(하지 않는) 편이 더 나았다

▶ **It would be better if she'd not gone to** *law school*.

그녀는 로스쿨을 가지 않는 편이 나았을 것이다.

▶ **It would be better if he'd gotten his** *pilot*'s *license*.

그가 조종사 자격증을 땄다면 좋았을 텐데.

▶ **It would be better if he'd not** *started* **that** *business*.

그가 그 사업을 시작하지 않았다면 좋았을 것이다.

law school
  법학 대학교/대학원

pilot 비행 조종사

license 자격증

start a business
  사업을 시작하다

Pattern

02 Let's hope ~
~을 바라자

▶ **Let's hope for** *nice weather* **for our picnic.**
소풍을 위해 좋은 날씨가 되길 바라자.

▶ **Let's hope to** *get good grades* **in our last** *exams*.
마지막 시험 때 좋은 성적을 얻기를 바라자.

▶ **Let's hope to** *get healthier*.
더 건강해지기를 바라자.

nice weather 좋은 날씨

get good grades
좋은 성적을 얻다

exam 시험

get healthier
더 건강해지다

Q 대화문의 주요 표현을 활용한 문장입니다.

Pattern

03 | from now on
지금부터는

▶ I'll *try to brush* my *teeth* after each and every meal from now on.

이제부터 매 식사 후 이를 닦도록 노력할 것이다.

▶ From now on, Liza will *own her own company*.

지금부터 리자는 자신의 회사를 소유하게 될 것이다.

▶ From now on, the oil market will *be under control of* Best Oil.

지금부터, 석유 시장은 베스트오일 사의 지배 아래 놓일 것이다.

try to~
~를(을) 하려고 노력하다

brush teeth 이를 닦다

own someone's own company
자신의 회사를 소유하다

be under control of~
~의 지배 아래 있다

189

다음 빈칸에 들어갈 말을 써보세요.

1. ＿＿＿＿＿ ＿＿＿＿＿ ＿＿＿＿＿ ＿＿＿＿＿ ＿＿＿＿＿ he ＿＿＿＿＿
   ＿＿＿＿＿ started that business.
   그가 그 사업을 시작하지 않았다면 좋았을 것이다.

2. ＿＿＿＿＿ ＿＿＿＿＿ to get good grades in our last exams.
   마지막 시험 때 좋은 성적을 얻기를 바라자.

3. I'll try to brush my teeth after each and every meal ＿＿＿＿＿
   ＿＿＿＿＿ ＿＿＿＿＿ .
   이제부터 매 식사 후 이를 닦도록 노력할 것이다.

다음 우리말과 같은 뜻이 되도록 주어진 단어를 바르게 배열해보세요.

1. 그녀는 로스쿨을 가지 않는 편이 나았을 것이다.

   if / she'd / to law school / not / would / gone / be better

It ＿＿＿＿＿＿＿＿＿＿＿＿＿＿＿＿＿＿＿＿＿＿＿＿＿

2. 더 건강해지기를 바라자.

   hope / healthier / to / get

Let's ＿＿＿＿＿＿＿＿＿＿＿＿＿＿＿＿＿＿＿＿＿＿＿

3. 지금부터 리자는 자신의 회사를 소유하게 될 것이다.

   own / own her / Liza / now / company / on / will

From ＿＿＿＿＿＿＿＿＿＿＿＿＿＿＿＿＿＿＿＿＿＿＿

Scene 31

네이버 오늘의 영어 회화 바로가기

 31.mp3

잘 선택했네.

A: You made a good choice.

Pattern 01 ....• even though
비록 ~ 임에도 불구하고

Pattern 02 ....• get hungry
배가 고파지다

Pattern 03 ....• make a good choice
좋은 선택을 하다

두 사람이 식사에 관해 이야기합니다. 한 사람이 점심 메뉴였던 인도 커리가 너무 매워서 충분히 먹지 못했다고 합니다. 그러자 다른 사람이 다음에는 너무 맵지 않은 한국 음식을 추천해 주겠다고 말합니다.

A Did you have dinner already *even though* it is only 5 o'clock?

B I did have lunch at noon, but I didn't think it was enough.

A What did you eat for lunch?

B I had an Indian curry.
   But the food was too spicy, so I couldn't eat a lot.

A I see.

B So I ate Mexican food, a Tostada, around 4 o'clock since I *got hungry*.

A You *made a good choice*. Next time, I will recommend you some Korean food that isn't too spicy.

A 5시밖에 안 됐는데 저녁을 벌써 먹었어?

B 12시에 점심을 먹었는데 충분하지 않은 것 같아서.

A 점심으로 뭘 먹었는데?

B 인도 커리를 먹었어. 그런데 너무 매워서 많이 못 먹었거든.

A 그랬구나.

B 그래서 배고파서 4시쯤 멕시코 음식인 토스타다를 먹었어.

A 잘 선택했네. 다음엔 너무 맵지 않은 한국 음식을 추천해 줄게.

Pattern

01 even though
비록 ~ 임에도 불구하고

▶ We were *able to finish* the project well even though we were short of budget.

비록 예산이 부족했음에도 불구하고 우리는 그 프로젝트를 잘 끝낼 수 있었다.

▶ Even though the weather was bad, we *went on a picnic as scheduled*.

날씨가 좋지 않았음에도 불구하고 우리는 예정대로 소풍을 갔다.

▶ Even though we don't *have enough money*, we are still happy with our love.

우리는 비록 충분한 돈은 없지만, 우리의 사랑으로 여전히 행복하다.

able to finish~
 ~를(을) 끝낼 수 있었다

go on a picnic
 소풍을 가다

as scheduled 예정대로

have enough money
 돈이 충분히 있다

Pattern

02 get hungry
배가 고파지다

▶ *As lunchtime nears*, I *start to* get hungry.
점심시간이 가까워지니, 배가 고파지기 시작한다.

▶ The baby *next door* began to cry when he got hungry.
옆집 아기가 배가 고파지자 울기 시작했다.

▶ Cats *make a noise* when they get hungry.
고양이들은 배가 고플 때 시끄러운 소리를 낸다.

as lunchtime nears
점심 시간이 가까워지니

start to~
~하기 시작하다

next door 옆 집

make a noise
소리를 내다

Pattern

03 make a good choice
좋은 선택을 하다

▶ If you want your life to be happy, you should make a good choice.

인생이 행복하기를 원한다면, 좋은 선택을 해야 한다.

▶ Making a good choice is the *most important factor* in *success*.

좋은 선택을 하는 것은 성공에 있어서 가장 중요한 요소이다.

▶ *Ask* your *parents for advice* to make good choices.

좋은 선택을 하기 위하여 부모님께 조언을 구해라.

most important factor
가장 중요한 요소

success 성공

ask for advice
조언을 구하다

parents 부모님

다음 빈칸에 들어갈 말을 써보세요.

1. We were able to finish the project well _____ _____ we were short of budget.

   비록 예산이 부족했음에도 불구하고 우리는 그 프로젝트를 잘 끝낼 수 있었다.

2. The baby next door began to cry when he _____ _____ .

   옆집 아기가 배가 고파지자 울기 시작했다.

3. If you want your life to be happy, you should _____ _____

   _____ _____ .

   인생이 행복하기를 원한다면, 좋은 선택을 해야 한다.

다음 우리말과 같은 뜻이 되도록 주어진 단어를 바르게 배열해보세요.

1. 날씨가 좋지 않았음에도 불구하고 우리는 예정대로 소풍을 갔다.

as scheduled / was bad / went on / though / a picnic / we / the weather

   Even _____

2. 고양이들은 배가 고플 때 시끄러운 소리를 낸다.

get / a noise / they / hungry / when / make

   Cats _____

3. 좋은 선택을 하기 위하여 부모님께 조언을 구해라.

choices / to make / your / parents / for advice / good

   Ask _____

Scene 32

네이버 오늘의 영어 회화 바로가기

🎧 32.mp3

탄산수가 방금 다 떨어졌거든.

B: We just ran out of sparkling water.

Pattern 01 ·········• Why don't we ~?
~을 하지 않을래?

Pattern 02 ·········• you would have to ~
너는 ~해야 할 것이다

Pattern 03 ·········• (just) ran out of ~
~이 방금 떨어졌다

두 친구가 점심을 함께 먹기로 합니다. 먹을 것으로는 참치 샌드위치를, 마실 것으로는 탄산수를 메뉴로 정합니다. 하지만 탄산수가 다 떨어졌기 때문에 한 사람은 탄산수를 사러 슈퍼마켓에 갑니다.

A Dan, I'm hungry. Do you want to have lunch together?

B Sure, *why don't we* make some sandwiches?

A Sounds good. I would like to eat a tunasandwich if we have all the ingredients.

B No problem. What do you want for a drink?

A Do you have sparkling water? I love sparkling water.

B That sounds good, but *you would have to* visit the supermarket tobuy it. We *just ran out of* sparkling water.

A Sure. I'll be right back.

A 덴, 나 배고파. 우리 같이 점심 먹을래?

B 그래, 샌드위치 만들어 먹지 않을래?

A 좋아. 재료만 다 있다면 난 참치 샌드위치 먹고 싶어.

B 문제없어. 마시고 싶은 거 있어?

A 탄산수 있어? 나는 탄산수를 사랑하거든.

B 좋지, 그런데 네가 가게에 가서 사와야 해. 탄산수가 방금 다 떨어졌거든.

A 알았어. 금방 다녀올게.

Pattern

01
Why don't we ~?
~을 하지 않을래?

▶ Why don't we get some barbecue ribs for lunch?

우리 점심으로 바비큐 립을 먹지 않을래?

▶ Why don't we get some exercise and *go dancing* this weekend?

우리 이번 주말에 운동하고 춤추러 가지 않을래?

▶ The *fridge* is *almost empty*, so why don't we *go grocery shopping* tonight?

냉장고가 거의 텅 비었는데 오늘 밤에 식료품 사러 가지 않을래?

go dancing
　춤을 추러 가다

fridge (refrigerator)
　냉장고

almost empty 거의 빈

go shopping
　쇼핑하러 가다

grocery 식료품

Pattern

02 | you would have to ~
너는 ~해야 할 것이다

▶ If you want to *lose weight*, you would have to *exercise every day*.

만약 네가 살을 빼고 싶다면, 너는 매일 운동을 해야 할 것이다.

▶ In order to *win the competition*, you would have to *practice hard* every day.

경기에서 우승하기 위해서 너는 매일 열심히 연습해야 할 것이다.

▶ You would *have to wait for* one hour to watch the next movie.

다음 영화를 보려면 당신은 1시간을 기다려야 할 것입니다.

lose weight 살을 빼다

exercise everyday
매일 운동을 하다

win the competition
경기/시합에서 우승을
하다

practice hard
열심히 연습하다

have to wait for~
~를(을) 기다려야 하다

Pattern

03

(just) ran out of ~
~이 방금 떨어졌다

▶ We just ran out of yogurt which I *snack on* every day.

내가 간식으로 매일 먹는 요구르트가 방금 떨어졌어.

▶ They ran out of cooking oil which they *use for breakfast every morning*.

그들이 매일 아침 식사를 위해 쓰는 식용유가 막 다 떨어졌다.

▶ I ran out of cash. I should *find an ATM*.

나 현금 다 썼어. ATM/현금인출기를 찾아봐야겠다.

snack on 간식을 먹다

use for breakfast
아침 식사로 사용하다

every morning
매일 아침

find an ATM
현금인출기를 찾다

다음 빈칸에 들어갈 말을 써보세요.

1. The fridge is almost empty, so _____ _____ _____ go grocery shopping tonight?
   냉장고가 거의 텅 비었는데 오늘 밤에 식료품 사러 가지 않을래?

2. In order to win the competition, _____ _____ _____ _____ practice hard every day.
   경기에서 우승하기 위해서 너는 매일 열심히 연습해야 할 것이다.

3. They _____ _____ _____ cooking oil which they use for breakfast every morning.
   그들이 매일 아침 식사를 위해 쓰는 식용유가 막 다 떨어졌다.

다음 우리말과 같은 뜻이 되도록 주어진 단어를 바르게 배열해보세요.

1. 우리 점심으로 바비큐 립을 먹지 않을래?

> we / for lunch / get / some / don't / ribs / barbecue

Why _____

2. 다음 영화를 보려면 당신은 1시간을 기다려야 할 것입니다.

> for one hour / have / would / to watch / to wait / the next movie

You _____

3. 나 현금 다 썼어. ATM/현금인출기를 찾아봐야겠다.

> ran / of cash / find / out / an ATM / I should

I _____

Scene 33

 33.mp3

체리 파이 주시겠어요?

A: Could I have some cherry pie?

Pattern 01 •••••••• • Could I have some ~ ?
~ 주시겠어요? (*주문할 때)

Pattern 02 •••••••• • ~ would be fine
~로 주세요 (*주문할 때)

Pattern 03 •••••••• • leave ~ out
~을 빼다, 제외하다

한 사람이 카페에서 메뉴를 주문하고 있습니다. 그는 체리 파이를 비롯해서 바닐라 아이스크림, 홍차 능 좋아하는 여러 메뉴를 사신의 기오에 맞게 주문합니다.

A *Could I have some* cherry pie?

B Sure, would you like something with it?

A Yes, vanilla ice cream *would be fine*.
Oh, *leave* the nuts *out*, if you put them on it by any chance.

B Ok, anything to drink?

A I would like some black tea also. It is my favorite.

B Do you want cream or sugar in your drink?

A I would like to have both cream and sugar, please.

B Okay, you can receive your orders at the right.

A 체리 파이 주시겠어요?

B 네, 함께 주문할 게 있으세요?

A 네, 바닐라 아이스크림도 주세요. 아, 혹시 그 위에 땅콩을 뿌리는 거면 땅콩은 빼주세요.

B 알겠습니다. 음료는요?

A 홍차도 주세요. 제일 좋아하는 거예요.

B 음료에 크림이나 설탕을 넣으시겠어요?

A 크림과 설탕 둘 다 주세요.

B 네, 오른쪽에서 주문하신 것 받아 가시면 됩니다.

Pattern

01 Could I have some ~ ?
~ 주시겠어요? (*주문할 때)

▶ **Could I have some more** *ice in the water*, **please?**

물에 얼음을 좀 더 넣어 주시겠어요?

▶ **Could I have some** *bacon* **in my burger?**

버거에 베이컨 넣어 줄 수 있을까요?

▶ **Could I have some** *assistance in my office*?

제 사무실에 보조를 둘 수 있을까요?

ice in the water
물 안에 얼음

bacon 베이컨

assistance 보조

in the office 사무실 안

Pattern

02
~ would be fine

~로 주세요 (*주문할 때)

▶ Some *apple pie* would be fine, thanks.
애플파이로 주세요, 감사합니다.

apple pie 애플 파이

a steak with some potatoes
감자를 곁들인 스테이크

▶ *A steak with some potatoes* would be fine.
감자를 곁들인 스테이크로 주세요.

with everything in it
모든 것을 포함

to go 포장하다

▶ A hamburger *with everything in it* and some orange juice *to go* would be fine.
모든 걸 다 넣은 햄버거랑 오렌지 주스 포장으로 주세요.

Pattern

03
leave ~ out
~을 빼다, 제외하다

▶ Leave the onion out of my burger, please.

제 버거에서 양파를 빼 주세요.

▶ For a *vegan diet*, you could leave the *shrimp* out.

채식주의 식단의 경우, 새우를 빼면 된다.

▶ I'm *allergic to* peaches, so please leave peaches out of *every dish*.

저는 복숭아 알레르기가 있으니 모든 음식에서 복숭아를 빼 주세요.

vegan diet
　채식주의 식단

shrimp 새우

allergic to~
　~에 알레르기가 있는

every dish
　모든 음식/식사

다음 빈칸에 들어갈 말을 써보세요.

1. _____ _____ _____ _____ more ice in the water, please?
   물에 얼음을 좀 더 넣어 주시겠어요?

2. A hamburger with everything in it and some orange juice to go _____ _____ _____ .
   모든 걸 다 넣은 햄버거랑 오렌지 주스 포장으로 주세요.

3. I'm allergic to peaches, so please _____ peaches _____ of every dish.
   저는 복숭아 알레르기가 있으니 모든 음식에서 복숭아를 빼 주세요.

다음 우리말과 같은 뜻이 되도록 주어진 단어를 바르게 배열해보세요.

1. 버거에 베이컨 넣어 줄 수 있을까요?

burger / have / in / my / bacon / I / some

Could _____

2. 애플파이로 주세요, 감사합니다.

pie / be / thanks / fine / apple / would

Some _____

3. 제 버거에서 양파를 빼 주세요.

burger / my / please / out / onion / of / the

Leave _____

Scene 34
네이버 오늘의 영어 회화 바로가기

34.mp3

점심으로 샐러드 어때?

A: How about a salad for lunch?

Pattern 01 • ~ for lunch
~을 점심으로 (먹다)

Pattern 02 • enjoy eating ~
~을 즐겨 먹다

Pattern 03 • as much as
~만큼

오늘의 대화문입니다. 원어민의 대화를 잘 들어보세요.

두 친구가 샐러드에 관해 대화하고 있습니다. 한 친구는 시저 샐러드를 선호하고 다른 친구는 간편식 샐러드를 선호합니다. 샐러드가 다이어트에 도움이 된다는 데에는 두 친구 모두 의견이 같습니다.

A   How about a salad *for lunch*? I *enjoy eating* salads a lot.

B   I enjoy eating salads too! My favorite is the Caesar salad. How about you?

A   I love the pre-prepared salads because they are so convenient to eat. It is very simple because you just have to pour the dressings on top.

B   I also enjoy eatingsalmon in a salad.

A   That's a good idea!

B   Also, salads are great since they are good for your diet.

A   True, you can eat *as much as* you want since they cause no harm to your diet.

A   점심으로 샐러드 어때? 내가 샐러드를 즐겨 먹거든.

B   나도 샐러드 즐겨 먹어! 난 시저 샐러드를 제일 좋아해. 너는?

A   나는 간편식 샐러드를 좋아하는데 먹기 너무 편하거든.
    위에 드레싱만 부으면 되니까 엄청 간단해.

B   난 샐러드에 연어를 넣어 먹는 것도 좋아해.

A   정말 좋은 방법이다!

B   또, 샐러드는 다이어트에도 도움이 돼서 좋아.

A   맞아, 다이어트에 해가 되지 않으니 먹고 싶은 만큼 먹어도 돼.

Pattern

01
~ for lunch

~을 점심으로 (먹다)

▶ **How about some** *vegetarian food* **for lunch?**

점심으로 채식 먹는 게 어때?

▶ *Let's have tuna fish sandwiches* **for lunch.**

우리 점심으로 참치 샌드위치 먹자.

▶ **I** *had a burger* **for lunch.**

점심으로 햄버거를 먹었어.

vegetarian food 채식

let's have~
 ~를(을) 먹자

tuna fish sandwich
 참치 생선 샌드위치

had a burger
 햄버거를 먹었다

Pattern

02
enjoy eating ~

~을 즐겨 먹다

▶ We enjoy eating spaghetti for lunch at a *nice Italian restaurant*.

우리는 멋진 이탈리아 식당에서 점심으로 스파게티를 즐겨 먹는다.

nice Italian restaurant	멋진 이탈리아 식당
tender and delicious	부드럽고 맛있는
gained some weight	살이 조금 쪘다
because of it	그것 때문에

▶ They enjoy eating chicken since it is always so *tender and delicious*.

치킨이 항상 부드럽고 맛있기 때문에 그들은 그것을 즐겨 먹는다.

▶ I enjoy eating cakes, but I think I *gained some weight because of it*.

난 케이크를 즐겨 먹는데, 그것 때문에 살이 좀 붙은 것 같아.

Pattern

03 as much as
~만큼

▶ You can eat as much as you like of *ribs*.
갈비를 먹고 싶은 만큼 먹을 수 있어.

rib 갈비

don't add to the weight
살을 찌게 만들지 않는다

▶ We can eat salads as much as we want because they *don't add to the weight*.
샐러드는 살이 안 찌니까 우린 먹고 싶은 만큼 먹을 수 있다.

as they wish to
그들이 원하는 대로

shop 쇼핑하다

▶ They can buy as much *as they wish to* when they *shop*.
그들은 쇼핑할 때 사고 싶은 만큼 살 수 있다.

다음 빈칸에 들어갈 말을 써보세요.

1. How about some vegetarian food _____ _____ ?
   점심으로 채식 먹는 게 어때?

2. I _____ _____ cakes, but I think I gained some weight because of it.
   난 케이크를 즐겨 먹는데, 그것 때문에 살이 좀 붙은 것 같아.

3. We can eat salads _____ _____ _____ we want because they don't add to the weight.
   샐러드는 살이 안 찌니까 우린 먹고 싶은 만큼 먹을 수 있다.

다음 우리말과 같은 뜻이 되도록 주어진 단어를 바르게 배열해보세요.

1. 점심으로 햄버거를 먹었어.

a / lunch / burger / had / for

   I _____

2. 우리는 멋진 이탈리아 식당에서 점심으로 스파게티를 즐겨 먹는다.

spaghetti / at / eating / a nice / for lunch / enjoy / Italian restaurant

   We _____

3. 갈비를 먹고 싶은 만큼 먹을 수 있어.

as much as / of ribs / you / can / like / eat

   You _____

214

Scene 35

네이버 오늘의 영어 회화 바로가기

 35.mp3

그건 먹기 간편하거든.

B: It's convenient to eat.

Pattern 01 .... • ~ be convenient to …
~는 … 하기에 편하다, 편리하다

Pattern 02 .... • along with~
~와 함께, 같이

Pattern 03 .... • I'll prepare ~
~을 준비할게

두 친구가 간식으로 무얼 먹을지 이야기를 나눕니다. 한 친구는 모짜렐라 치즈를 좋아하고, 다른 친구는 스틱 치즈를 선호합니다. 그들은 스틱 치즈와 함께 와인을 한 잔 곁들여 먹기로 합니다.

A How about some cheese for a snack?

B Sounds good. I eat cheese when I'm watching TV.

A What's your favorite cheese? My favorite cheese is Mozzarella.

B I like stick cheese. It*'s convenient to* eat.

A It's really good to eat stick cheese *along with* a glass of wine.

B That's true. Should we drink wine together with stick cheese?

A Good idea. *I'll prepare* the wine.

A 간식으로 치즈 어때?

B 좋아. 나는 TV 볼 때 치즈를 먹어.

A 네가 제일 좋아하는 치즈는 어떤 거야? 내가 가장 좋아하는 치즈는 모차렐라야.

B 나는 스틱 치즈를 좋아해. 그건 먹기 간편하거든.

A 와인 한 잔과 함께 스틱 치즈를 먹으면 정말 맛있지.

B 맞아. 스틱 치즈와 함께 와인 마실까?

A 좋은 생각이야. 내가 와인을 준비할게.

Pattern

01 ~ be convenient to …
~는 … 하기에 편하다, 편리하다

▶ **This device is convenient to use.**
이 장치는 사용하기에 편리하다.

plastic container
플라스틱 용기

store food
음식을 보관하다

▶ *Plastic containers* **are convenient to** *store food* **in.**
플라스틱 용기는 음식을 보관하기에 편리하다.

delivery system
배달 체제

in Korea 한국에서는

▶ **The** *delivery system in Korea* **is convenient to use.**
한국의 배달 체제는 이용하기 쉽다.

Q 대화문의 주요 표현을 활용한 문장입니다.

Pattern

02 along with~
~와 함께, 같이

▶ Along with the *waffles*, I*'d like some* butter and *syrup*, please.

와플과 함께, 버터랑 시럽도 주세요.

▶ We'd like some eggs and *toast* along with the sausage, thanks.

계란이랑 토스트도 소시지랑 함께 주세요, 감사합니다.

▶ Along with the computer, we'll *need a new laptop case*, too.

컴퓨터랑 같이 새로운 노트북 가방도 필요할 것이다.

would like some~
~를(을) 원하다

waffle 와플

syrup 시럽

toast 토스트

need a new laptop case
새로운 노트북 케이스가
필요하다

Pattern

03 I'll prepare ~
~을 준비할게

▶ **I'll prepare lunch** *for the picnic this weekend*.
이번 주말 소풍 때 내가 점심 준비할게.

▶ **I'll prepare a drink** *for you*.
내가 너한테 음료 준비해 줄게.

▶ **I'll prepare** *a full report* **with my** *suggestions*.
내 제안을 담아서 완전한 보고서를 준비할 것이다.

for the picnic
소풍을 위해

this weekend 이번 주말

a full report
완전한 보고서

suggestion 제안

다음 빈칸에 들어갈 말을 써보세요.

1. The delivery system in Korea _____ _____ to use.
   한국의 배달 체제는 이용하기 쉽다.

2. We'd like some eggs and toast _____ _____ the sausage, thanks.
   계란이랑 토스트도 소시지랑 함께 주세요, 감사합니다.

3. _____ _____ lunch for the picnic this weekend.
   이번 주말 소풍 때 내가 점심 준비할게.

다음 우리말과 같은 뜻이 되도록 주어진 단어를 바르게 배열해보세요.

1. 이 장치는 사용하기에 편리하다.

is / to / convenient / use / device

   This _____

2. 컴퓨터랑 같이 새로운 노트북 가방도 필요할 것이다.

need / too / the computer / a new laptop / with / case / we'll

   Along _____

3. 내가 너한테 음료 준비해 줄게.

you / drink / for / a / prepare

   I'll _____

Scene 36

네이버 오늘의 영어 회화 바로가기

 36.mp3

샌드위치와 함께 먹을 감자 칩은 내가 만들게.

A: I will make the chips that will go with the sandwiches.

Pattern 01 ·········• I'm afraid that ~
(안타깝지만) ~인 것 같다

Pattern 02 ·········• It will be fine without ~
~이 없어도 괜찮을 것이다

Pattern 03 ·········• go with ~
~와 같이 가다, 어울리다

두 친구가 샌드위치에 관한 이야기를 나누고 있습니다. 그들은 샌드위치에 들어갈 만한 다양한 재료를 더하거나 뺍니다. 한 친구는 샌드위치를 만들기로 하고, 다른 친구는 샌드위치와 함께 먹을 감자 칩을 만들기로 합니다.

A What's there to eat? I want a sandwich.

B I will look for the ingredients in the refrigerator.
   I think we have the ingredients for the sandwich.

A I like a sandwich that contains bacon, lettuce, and tomatoes.

B Okay, but *I am afraid that* we won't have enough mayonnaise and pickles.

A I think *it will be fine without* those two ingredients.

B Sounds good.
   Then I will make two, one for you and one for me.

A I will make the chips that will *go with* the sandwiches.

A 뭐 먹을 거 있어? 나는 샌드위치가 먹고 싶어.

B 냉장고에 재료가 있나 볼게. 샌드위치 만들 재료들은 있는 것 같아.

A 난 베이컨, 양상추, 그리고 토마토 넣은 샌드위치가 좋아.

B 알겠어. 그런데 마요네즈와 피클이 부족하겠다.

A 난 그 두 재료는 없어도 괜찮을 것 같아.

B 좋아. 그럼 2개 만들게, 내 거랑 네 거.

A 샌드위치와 함께 먹을 감자 칩은 내가 만들게.

대화문의 주요 표현을 활용한 문장입니다.

Pattern

01

I'm afraid that ~

(안타깝지만) ~인 것 같다

▶ I'm afraid that we're *out of* bacon.

우리 베이컨이 다 떨어진 것 같다.

▶ I'm afraid that your *order* has been *delayed*.

고객님 주문이 지연되고 있는 것 같습니다.

▶ I'm afraid that they have *missed the train*.

그들이 기차를 놓친 것 같아서 안타깝다.

be out of 떨어지다

order 주문

delay 지연하다.

miss the train
  기차를 놓치다

Pattern

02 It will be fine without ~
~이 없어도 괜찮을 것이다

▶ It will be fine without me *for a week*.
일주일간은 내가 없어도 괜찮을 거야.

▶ It will be fine without *reserving accommodation*.
숙소 예약은 하지 않아도 괜찮을 거야.

▶ It will be fine *without any money*.
돈이 하나도 없어도 괜찮을 거야.

for a week 일주일 간

reserve
  accommodation
  숙소를 예약하다

without any money
  돈 하나도 없이

Pattern

03
go with ~
~와 같이 가다, 어울리다

▶ This *dress* will go with all your *everyday outfits*.

이 원피스는 너의 모든 일상복과 잘 어울릴 거야.

▶ The toast will go with the eggs and bacon.

토스트는 계란과 베이컨과 잘 어울릴 거야.

▶ *A piece of cheese* goes with *a glass of wine*.

치즈 한 조각은 와인 한 잔과 잘 어울린다.

dress 원피스

everyday outfits
  일상복

a piece of cheese
  치즈 한 조각

a glass of wine
  와인 한 잔

다음 빈칸에 들어갈 말을 써보세요.

1. _____ _____ _____ your order has been delayed.
고객님 주문이 지연되고 있는 것 같습니다.

2. _____ _____ _____ _____ _____ reserving accommodation.
숙소 예약은 하지 않아도 괜찮을 거야.

3. This dress will _____ _____ all your everyday outfits.
이 원피스는 너의 모든 일상복과 잘 어울릴 거야.

다음 우리말과 같은 뜻이 되도록 주어진 단어를 바르게 배열해보세요.

1. 우리 베이컨이 다 떨어진 것 같다.

we're / that / afraid / out / bacon / of

I'm _____

2. 돈이 하나도 없어도 괜찮을 거야.

any / will / money / fine / be / without

It _____

3. 토스트는 계란과 베이컨과 잘 어울릴 거야.

will / go / with / bacon / toast / the eggs / and

The _____

Scene 37

네이버 오늘의 영어 회화 바로가기

🎧 37.mp3

지금은 간식이나 먹어야겠다.

A: I would rather get some snacks now.

Pattern 01 ·········• I would rather ~
나는 차라리 ~하겠다

Pattern 02 ·········• My preference is for ~
내 취향은(내가 좋아하는 것은) ~이다

Pattern 03 ·········• compared to ~
~와 비교해보면

두 사람이 간식 이야기를 하고 있습니다. 한 사람은 요거트나 베리류 등의 몸에 좋은 간식을 권하지만, 다른 한 사람은 아이스크림이나 감자 칩을 원합니다. 하지만 두 사람 모두 아이스크림이나 감자 칩이 다른 간식에 비해 건강에 좋지 않다고 생각합니다.

A I'm getting hungry. How about you?

B I am not really hungry now. My appetite is low today.

A Then, why don't we get dinner after an hour during the news hour?

B That would be better.

A Ok, I'll wait. *I would rather* get some snacks now.

B You should eat healthy snacks like yogurt, berries, or nuts.

A However, *my preference is for* ice cream or chips.

B Is that healthy?

A I don't think so, *compared to* the snacks that you just recommended.

B You should get some healthy nuts for a snack from now on.

A 배고파지는데. 넌 어때?

B 난 지금은 배가 별로 안 고파. 오늘따라 식욕이 별로 없네.

A 그럼 1시간 뒤 뉴스 시간 동안 저녁 먹는 건 어때?

B 그게 더 좋을 거 같아.

A 알았어, 기다릴게. 지금은 간식이나 먹어야겠다.

B 요거트나 베리류 또는 견과류 같은 몸에 좋은 간식을 먹도록 해.

A 하지만 내가 좋아하는 건 아이스크림이나 감자 칩이야.

B 그게 건강에 좋은가?

A 네가 추천한 간식들에 비하면 그렇지 않을걸.

B 앞으로는 간식으로 몸에 좋은 견과류를 꼭 챙겨 먹어.

Pattern

01 I would rather ~
나는 차라리 ~하겠다

▶ I would rather *go home* and *get some rest*.

집에 가서 좀 쉬는 게 낫겠어.

▶ I would rather not *talk about* it.

그것에 대해 더 이상 얘기 안 하는 게 낫겠어.

▶ I would rather be alone than in a *relationship*.

나는 관계 맺는 것보다 차라리 혼자 있겠다.

go home 집에 가다

get some rest
　휴식을 취하다

talk about~
　~에 대해 이야기를 하다

relationship 관계

Pattern

02
My preference is for ~
내 취향은(내가 좋아하는 것은) ~이다

▶ **My preference is for** *sweet and sour pork for dinner*.
난 저녁으로 탕수육을 좋아해.

▶ **My preference is for a job in a** *healthcare institution*.
나는 의료기관에서 일하는 것을 선호한다.

▶ **My preference** *is* **for someone who is** *considerate of the environment*.
나는 환경에 대해 숙고하는 사람을 좋아합니다.

sweet and sour pork
　탕수육

for dinner 저녁으로

healthcare institution
　의료기관

be considerate of the
environment
　환경에 대해 숙고/생각하다

Pattern

03
compared to ~
~와 비교해보면

▶ **Those two choices** *aren't very healthy* **compared to the ones you** *mentioned before.*

네가 전에 말한 거랑 비교했을 때 지금 두 가지 선택은 그다지 건강하지 않은 거 같아.

▶ **Compared to the last one, this pizza looks great!**

저번 것과 비교하면, 이 피자 훌륭해 보이는데!

▶ *Even though* **they are** *twins,* **Jack is tall compared to Joseph.**

그들이 쌍둥이긴 하지만, 조셉과 비교하면 잭이 키가 크다.

be not very healthy
그렇게 건강하지 않은

mentioned before
앞에서 말한,
전에 언급된

even though
비록 ~이지만

twins 쌍둥이

다음 빈칸에 들어갈 말을 써보세요.

1. _____ _____ _____ be alone than in a relationship.
   나는 관계 맺는 것보다 차라리 혼자 있겠다.

2. _____ _____ _____ _____ someone who is considerate of the environment.
   나는 환경에 대해 숙고하는 사람을 좋아합니다.

3. Those two choices aren't very healthy _____ _____ the ones you mentioned before.
   네가 전에 말한 거랑 비교했을 때 지금 두 가지 선택은 그다지 건강하지 않은 거 같아.

다음 우리말과 같은 뜻이 되도록 주어진 단어를 바르게 배열해보세요.

1. 그것에 대해 더 이상 얘기 안 하는 게 낫겠어.

rather / not / would / it / talk / about

I _____

2. 난 저녁으로 탕수육을 좋아해.

and / for dinner / is / for sweet / sour / preference / pork

My _____

3. 저번 것과 비교하면, 이 피자 훌륭해 보이는데!

great / the last / looks / this / pizza / one / to

Compared _____

Scene 38

네이버 오늘의 영어 회화 바로가기

🎧 38.mp3

저녁 식사를 가볍게 하는 것도 나쁘지 않지. 🔍

B: It's not bad to have a light dinner.

Pattern 01 ·········•	busy ~ing ~ ~하느라 바쁘다
Pattern 02 ·········•	rough meal 대충 먹는 식사
Pattern 03 ·········•	light dinner 가벼운 (저녁) 식사

두 사람이 저녁 식사에 관한 대화를 하고 있습니다. 한 사람은 오후에 간식을 먹는 바람에 입맛이 없다고 말합니다. 그러자 다른 한 사람이 저녁 식사 메뉴를 가벼운 시리얼로 먹는 것은 어떨지 묻습니다.

A I don't have much appetite today.

B Why? It's almost dinner time.

A I had some snacks this afternoon.

B Didn't you have enough lunch?

A I was *busy doing* work, and it got late, so I had a *rough meal*.

B I see. But it's not bad to have a *light dinner*.

A That's right. I might eat dinner lightly as well today.

B Then why don't we simply eat some cereal for dinner?

A 오늘은 입맛이 별로 없네.

B 왜? 이제 곧 저녁 먹을 시간인데.

A 오후에 간식을 좀 먹었거든.

B 점심 충분히 먹지 않았어?

A 바쁘게 일하다 보니 늦어져서 점심을 대충 먹었어.

B 그렇구나. 그런데 저녁 식사를 가볍게 하는 것도 나쁘지 않지.

A 맞아. 오늘은 저녁도 간단하게 먹어야겠다.

B 그럼 간단하게 저녁으로 시리얼 먹는 게 어때?

Pattern

01 busy ~ing ~
~하느라 바쁘다

▶ *Staff* are too busy talking to *each other*.
직원들은 서로와 이야기하느라 너무 바쁘다.

▶ We are busy shopping on Saturdays.
우리는 토요일에는 쇼핑을 하느라 바쁘다.

▶ People are busy *doing many things these days*.
사람들은 요즘 많은 일을 하느라 바쁘다.

staff 직원

each other 서로

do many things
여러 가지 일을 하다

these days 요즘, 요새

Pattern

02 rough meal
대충 먹는 식사

▶ I *just made* and *ate* a rough meal for dinner.

나는 저녁을 대충 만들어 먹었다.

▶ We *prepared* a rough meal for breakfast.

우리는 아침으로 대충 먹을 식사를 준비했다.

▶ They were *too busy* and had a rough meal of *biscuits and cheese*.

그들은 너무 바빠서 대충 비스킷이랑 치즈를 먹었다.

just made~
~를(을) 방금 만들었다

ate
eat '먹다'의 과거

prepare 준비하다

too busy 매우 바쁜

biscuits and cheese
비스킷과 치즈

236

Pattern

03 light dinner
가벼운 (저녁) 식사

▶ I *want to have* a light dinner.

가벼운 저녁을 먹고 싶네요.

▶ Going for a light dinner is an *excellent idea*.

가벼운 식사를 하러 가는 게 아주 좋은 생각이에요.

▶ A light dinner *would be nice* as I need to *watch the calories*.

칼로리를 주의해야 하기 때문에 가벼운 식사가 좋겠네요.

want to have~
~이(가) 먹고 싶다

excellent idea
아주 좋은 식사

would be nice
좋을 것이다

watch the calories
칼로리를 조심/주의하다

다음 빈칸에 들어갈 말을 써보세요.

1. People are _____ _____ many things these days.
   사람들은 요즘 많은 일을 하느라 바쁘다.

2. They were too busy and had a _____ _____ of biscuits and cheese.
   그들은 너무 바빠서 대충 비스킷이랑 치즈를 먹었다.

3. A _____ _____ would be nice as I need to watch the calories.
   칼로리를 주의해야 하기 때문에 가벼운 식사가 좋겠네요.

다음 우리말과 같은 뜻이 되도록 주어진 단어를 바르게 배열해보세요.

1. 우리는 토요일에는 쇼핑을 하느라 바쁘다.

Saturdays / on / busy / shopping / are

We _____

2. 우리는 아침으로 대충 먹을 식사를 준비했다.

prepared / for / meal / a rough / breakfast

We _____

3. 가벼운 저녁을 먹고 싶네요.

to / want / light / a / dinner / have

I _____

Scene 39
네이버 오늘의 영어 회화 바로가기

 39.mp3

언제부터 바퀴에 바람이 빠졌대?

B: **Since when did the tire start to deflate?**

Pattern 01 ········• since when
언제부터

Pattern 02 ········• ever since ~
~ 이후로 쭉

Pattern 03 ········• make it home
집에 도착하다

두 친구가 오늘 벌어진 일에 관해 이야기하고 있습니다. 한 사람이 그가 타고 가던 택시가 뭔가에 부딪쳐 타이어 펑크가 났다고 말합니다. 그는 타이어를 고칠 때까지 기다릴 수 없어 1마일 정도를 걸어서 귀가했다고 합니다.

A Do you know what happened today when I took a taxi?

B Why? Was something wrong with that taxi?

A The taxi was running with a flat tire and eventually,
it stopped in the middle of the road.

B Oh my goodness! *Since when* did the tire start to deflate?

A I think *ever since* it hit something in the road.

B Wow! Did you *make it home* safely?

A No, I had to walk for the last mile to get home.

B Why did you walk home?

A I couldn't wait for the tire to be fixed.

B Well done. I am glad that you didn't get hurt.

A 오늘 택시 탔다가 무슨 일이 일어났는지 아니?

B 왜? 택시에 문제가 있었어?

A 바퀴에 바람이 빠진 채로 달리다가 결국 도로 한가운데서 멈췄어.

B 세상에! 언제부터 바퀴에 바람이 빠졌대?

A 도로에서 무언가에 부딪치고 난 이후부터 쭉 그랬던 것 같아.

B 세상에! 집에 무사히 도착했니?

A 아니. 집까지 마지막 1마일 정도는 걸어서 왔어.

B 왜 집에 걸어왔어?

A 바퀴가 수리될 때까지 기다릴 수 없었거든.

B 잘했어. 다치지 않아서 다행이다.

Pattern

01
since when
언제부터

▶ **Since when did you** *start to like grilled chicken*?

언제부터 구운 닭고기를 좋아하기 시작했나요?

▶ **Since when has the** *shop* **been open?**

그 가게가 언제부터 오픈했나요?

▶ **Since when do they** *charge admission*?

언제부터 입장료를 받나요?

start to like~
~를(을) 좋아하기 시작
하다

grilled chicken
구운 닭고기

shop 가게

charge 부과하다

admission 입장료

Pattern

02
ever since ~

~ 이후로 쭉

▶ **Ever since I was 10, I've loved** *vanilla ice cream*.

내가 10살 때부터 바닐라 아이스크림을 좋아했다.

▶ **We've loved** *riding* **our** *bicycles* **everywhere ever since our** *childhood days*.

어릴 적부터 우린 자전거 타고 아무 곳이나 돌아다니는 것을 매우 좋아했다.

▶ **Ever since I** *was born*, **my brother** *has been there for me*.

내가 태어난 이후로 쭉, 우리 형은 날 위해 있어 줬다.

vanilla ice cream
바닐라 아이스크림

riding bicycles
자전거 타기

childhood days
어린 시절

be born 태어나다

has been there for me
내 곁에 있어 주었다

Pattern

03 make it home
집에 도착하다

▶ I'll *probably* make it home *late at night*.
난 아마 밤늦게 집에 도착할 것 같아.

▶ *After the accident*, how did you make it home?
사고 이후에 어떻게 집까지 갔어?

▶ *Fortunately*, Diana made it home *safely*.
다행히도, 다이애나가 집에 무사히 도착했다.

probably 아마도, 어쩌면
late at night 밤 늦게
after the accident 사고 이후에
fortunately 다행히도
safely 안전하게

다음 빈칸에 들어갈 말을 써보세요.

1. _____ _____ did you start to likc grilled chicken?
   언제부터 구운 닭고기를 좋아하기 시작했나요?

2. We've loved riding our bicycles everywhere _____ _____ our childhood days.
   어릴 적부터 우린 자전거 타고 아무 곳이나 돌아다니는 것을 매우 좋아했다.

3. After the accident, how did you _____ _____ _____ ?
   사고 이후에 어떻게 집까지 갔어?

다음 우리말과 같은 뜻이 되도록 주어진 단어를 바르게 배열해보세요.

1. 그 가게가 언제부터 오픈했나요?

   shop / has / open / the / been / when

Since _____

2. 내가 10살 때부터 바닐라 아이스크림을 좋아했다.

   loved / ice cream / vanilla / I've / ten / I was / since

Ever _____

3. 다행히도, 다이애나가 집에 무사히 도착했다.

   made / it / Diana / safely / home

Fortunately _____

Scene 40

네이버 오늘의 영어 회화 바로가기

 40.mp3

수리하려면 아직 멀었어.

B: I still have a long way to go to repair.

Pattern 01 .... • **not yet**
아직 (안 했다).

Pattern 02 .... • **~ than I thought**
내가 생각했던 것보다 ~(하다)

Pattern 03 .... • **I still have ~**
아직도 ~가 있다

두 친구가 자동차 수리에 관해 이야기를 나누고 있습니다. 차를 소유하고 있는 친구는 생각보다 비용이 많이 나와서 수리를 망설이고 있다고 합니다. 그러자 다른 친구는 그를 위해 흔쾌히 자동차 수리 비용을 빌려주겠다고 말합니다.

A Did you get your car repaired?

B No, *not yet*.

A Why not?

B The repair cost is more expensive *than I thought*.

A How much is it?

B It is approximately 1,000 dollars.

A Wow! That's more than my expectation, too.

B Since I need to earnmore money for the repair,
   I still have a long way to go to repair.

A Do you want to borrow mine?

B Yes, that would be great!

A 너 차 수리했어?

B 아니, 아직.

A 왜 아직도 안 했어?

B 생각했던 것보다 수리 비용이 비싸.

A 얼만데?

B 1,000 달러쯤 돼.

A 와! 내 생각보다도 비싸네.

B 수리하려면 돈을 더 모아야 해서 수리하려면 아직 멀었어.

A 내 돈 빌릴래?

B 응, 그러면 정말 좋지!

Pattern

01 not yet
아직 (안 했다).

▶ **Did you** *get promoted*? - **Not yet.**
너 승진했어? - 아직.

get promoted
  승진하다

have lunch
  점심을 먹다

get the test
  시험을 보다

▶ **Did you** *have lunch*? - **No, not yet.**
로리, 점심 먹었어? - 아니, 아직.

▶ **Did you** *get the test*? - **Not yet.**
시험 봤어? - 아직.

Pattern

02
~ than I thought
내가 생각했던 것보다 ~(하다)

▶ I *missed* you more than I thought I would.
생각했던 것보다 네가 더 많이 그리웠어.

▶ As James *stood up*, he is taller than I thought.
제임스가 일어서니까 내가 생각했던 것보다 키가 크네.

▶ The *journey got longer* than I thought.
내가 생각했던 것보다 여행이 길어졌다.

miss 그리워하다
stand up 일어서다
journey 여행
get longer 더 길어지다

Pattern

03
I still have ~

아직도 ~가 있다

▶ I still have *much to learn*.

나는 아직도 배울 게 많다.

▶ *Despite* the long trip, I still *have a lot of energy*.

긴 여행에도 불구하고, 나는 여전히 에너지가 넘친다.

▶ I still have some *questions to ask* you.

아직도 너한테 물어볼 질문들이 좀 있어.

much to learn
　배울 점이 많은

despite
　그럼에도 불구하고

have a lot of energy
　에너지가 넘치다

questions to ask
　물어볼 질문

249

다음 빈칸에 들어갈 말을 써보세요.

1. Did you have lunch? - No, _____ _____ .
   로리, 점심 먹었어? . 아니, 아직.

2. As James stood up, he is taller _____ _____ _____ .
   제임스가 일어서니까 내가 생각했던 것보다 키가 크네.

3. Despite the long trip, _____ _____ _____ a lot of energy.
   긴 여행에도 불구하고, 나는 여전히 에너지가 넘친다.

다음 우리말과 같은 뜻이 되도록 주어진 단어를 바르게 배열해보세요.

1. 시험 봤어? - 아직.

not / you / test / yet / get / the

Did _____

2. 내가 생각했던 것보다 여행이 길어졌다.

thought / than / got / I / journey / longer

The _____

3. 나는 아직도 배울 게 많다.

learn / much / to / still / have

I _____

MEMO

NAVER 로 배우는
오늘의 영어 회화